# 匠心管理

## 如何铸造工匠精神

唐崇健 著

机械工业出版社
CHINA MACHINE PRESS

这是一本写给企业的关于工匠精神培育与缔造的书，一本帮助企业进行匠心管理的书，不仅从理念角度讲述匠心内涵，而且着重于从管理角度阐述领导者如何进行匠心管理。

本书不是传统工匠精神的再版，而是从企业管理的实际出发，比如：如何树立正确的企业理念，如何塑造持续创新的文化，如何培育员工的匠人精神，如何建设一支与企业共成长的团队等，为管理者提供一种实用而有效的管理方法和思路。

**图书在版编目（CIP）数据**

匠心管理：如何铸造工匠精神/ 唐崇健著. —北京：机械工业出版社，2017.6

ISBN 978-7-111-57278-7

Ⅰ.①匠…　Ⅱ.①唐…　Ⅲ.①企业管理-研究　Ⅳ.①F270

中国版本图书馆 CIP 数据核字（2017）第 157969 号

机械工业出版社（北京市百万庄大街 22 号　邮政编码 100037）

策划编辑：郝　静　　　责任编辑：戴思杨

版式设计：张文贵　　　责任印制：常天培

保定市中画美凯印刷有限公司印刷

2017 年 7 月第 1 版 · 第 1 次印刷

170mm × 230mm · 15 印张 · 137 千字

标准书号：ISBN 978-7-111-57278-7

定价：49.00 元

凡购本书，如有缺页、倒页、脱页，由本社发行部调换

电话服务

服务咨询热线：（010）88361066

读者购书热线：（010）68326294

（010）88379203

网络服务

机 工 官 网：www.cmpbook.com

机 工 官 博：weibo.com/cmp1952

教育服务网：www.cmpedu.com

金 书 网：www.golden-book.com

# 推荐嘉宾

唐崇健先生的新著《匠心管理：如何铸造工匠精神》正式出版，有幸拜读书稿，收益匪浅。

做为“坚持企业家俱乐部”的“坚果”，崇健先生勤于思考，刻苦钻研，笔耕不断，精品频出，是我们学习的榜样。他每天在朋友圈发的信息，或启迪心灵，或修身养性，满满正能量，给予我们精神食粮。

当今之社会，弘扬工匠精神，是时代发展之必需！认真、严谨、严格、严肃，专注、专心、专业、专一，用心工作，充满感情，以“出品”即“人品”的理念，执着地热爱你的事业，精雕细琢你干的事，这就是工匠精神。

致敬，事业之敬！

致敬，平凡中的不凡！

不忘初心，方得始终！

中国全聚德（集团）股份有限公司董事长

世界中餐业联合会常务副会长　邢颖

有幸拜读唐总的新书《匠心管理：如何铸造工匠精神》，一直坚持写作的人生导师仍然坚持了贯有的严谨、专注、专业而不失儒雅的风格。

匠心是一种态度，充满敬畏的态度。

匠心是一种责任，坚持践行品质的责任。

匠心是一种精神，一种时代永远需要的精神。

向永远坚持匠心精神的唐总致敬！

湖南方盛制药股份有限公司创始人　周晓莉

崇健兄是中国电线电缆行业杰出的专家及企业家，正逢聚集崇健兄管理智慧精华的新著《匠心管理：如何铸造工匠精神》正式出版，我有幸拜读其手稿并与之交流，顿觉醍醐灌顶，字字珠玑，真是受益匪浅。

匠心管理是一个名词，是一种态度，更是一种精神，即经历光阴与岁月，但仍不忘初心，执着信念，砥砺前行；怀着一颗沉潜淡泊的心追求极致，全身心投入，倾注心血打造经典，致物我两忘；不断打磨，守住内心的平和，创造完美、传世的作品。

匠心管理更是一个动词，存在于工作生活的点滴之中，怀敬畏之心，确保精益求精的工作过程；存感恩之心，追求作品即人品的精神状态。如果工作是人格精进的“道场”，那么精业是在累积生命的厚重，而匠心独具就是让人生与众不同的导航灯。

向崇健兄致以最崇高的敬意！

景峰医药执行总裁　刘华

倡导工匠精神，践行工匠之路，培育一流匠人，制造匠心产品，这是时代赋予企业家的使命，需要我们秉持初心、坚定信心、独运匠心，坚持创新和实干，大力推进实体企业转型升级。

江苏中超控股股份有限公司董事长　杨飞

在这个变革时代，需要埋头创业、创新、创造的实干家，更需要作者这样匠心独具、知行合一的企业家。在实践中思考，在思考中精进，为振兴中国制造业而殚精竭虑、不懈追求。

中利科技集团股份有限公司董事长　王柏兴

蒙崇健兄厚爱，收到《匠心管理：如何铸造工匠精神》书稿，得以先睹为快。

本书提倡工匠精神，作为管治企业的模范：注重细节、追求完美、凡事用心、精益求精、刻苦忍耐。

确实，企业运作的背后，涉及无数烦琐的工作，但最重要的，就是要用心，就像工匠一般的用心。

作为一位企业家，企业管理既是我的职业，也是我的最大兴趣。崇健兄的精辟见解，让本人得到极大的助益和启发。

衍生集团（国际）控股有限公司董事会主席　彭少衍

崇健先生是一位成功的企业管理者，利用其兼具实践和理论的优势，在书里他用生动的案例，通过对中外成功企业的考察，用心分析和归纳，提出自己的见解。全书言之有物，独具慧心，具有很强的指向性和借鉴性。崇健先生有一句话，读后觉得深获我心，他说，“过去、现在和未来，考量企业家的依然是坚持和坚定，是信心、决心、恒心、戒心和爱心，更重要的是‘匠心’”！我想，这是本书所要表现的重要内容，也最具启迪性。

感谢崇健先生写出这本《匠心管理：如何铸造工匠精神》，这是一本充满智慧和灵感的好书。

不忘初心，继续前行！

宜华健康医疗股份有限公司总经理　刘壮青

中国目前最缺什么？我觉得最缺精英企业家。想成为精英企业家。必须在财富独立前提下，拥有爱国主义、信仰、创新精神、冒险精神、未来思维和智慧。匠心管理，就涵盖了信仰、创新精神和未来思维。唐崇健先生《匠心管理：如何铸造工匠精神》一书，心系民族，情牵企业，工于精品，是建立百年老店必读佳作。

太安堂第十四代传人

广东太安堂药业股份有限公司总经理 柯少彬

在拜读了当代电线电缆行业专家唐崇健先生的《匠心管理：如何铸造工匠精神》，使我备受启发，唐总在我们线缆行业的追求和执着使我敬佩。他以虚心、恒心、细心的心态不断摸索，不断创新工艺及标准，为线缆行业做出了很大的贡献。

通鼎互联信息股份有限公司董事、副总裁　张月芳

唐崇健同志是电线电缆行业少有的文武全才，既是著名的电缆工程技术专家，也是非常成功的企业家，还在职工思想教育、企业管理理论等方面论著颇丰。《匠心管理：如何铸造工匠精神》是在社会呼唤"工匠精神"，企业弘扬工匠文化的社会环境下的又一力作。

我国电缆行业发展需要"工业4.0"，更需要"工匠精神"。《匠心管理：如何铸造工匠精神》一书，对工匠精神的内涵、实质、作用、成长与环境进行了深入剖析和全面论述，拜读此书，对正确理解、发扬工匠精神，培养工匠大有裨益，对企业的结构调整和健康发展也有很大促进。

青岛汉缆股份有限公司董事长　陈沛云

# 推荐序一

PREFACE

## 大国崛起，良匠为基

机械工业经济管理研究院院长　徐东华

作者是我的老朋友，是电线电缆行业的先锋！目前，电线电缆行业处在舆论的风口浪尖，因西安地铁电缆事件引发的行业地震尚在。此时此刻，作者出版《匠心管理：如何铸造工匠精神》一书，我觉得意义非凡，委托我作序，欣然从命，我也想把自己的感想与各位分享。

第一，电缆行业问题不仅存在于电缆行业，这是有普遍性的，只是在电缆行业表现比较突出。就我多年从事产业研究而言，其他装备制造业领域也存在类似问题，这才是中国制造的隐忧。大家知道，在装备制造业领域，电缆行业是仅次于汽车行业的第二大产业。整个装备制造业，哪个行业不用电缆？电线、电缆影响巨大。为此，《匠心管理：如何铸造工匠精神》一书可谓生当逢时，无论是电线电缆行业内部人士，还是整个制造业从业人员，都应该好好读读。我们企业管理者有如此匠心，工匠会少吗？工匠精神有了，偷工减料事情还会有吗？

第二，一个大国的崛起，一定是以大批良匠为基础的，良匠的数量和质量决定着大国的竞争力。中国装备制造业的进步举世瞩目，特别是在关键领域，我们已经处于世界先进行列，但不得不说，在不少核心零部件领域，我国与美、日、德等发达国家还有不小差距。2017 年我们刚刚突破成为“制造业之痒”的圆珠笔芯的滚珠，而核电、高铁、飞机等不少核心部件仍然依赖进口。这其中原因很多，一个非常重要的原因是我们缺少一大批具有工匠精神的关键人才。浮躁是解决不了问题的，只有专注于某个领域、甘心寂寞的大国工匠才能创造奇迹，为中国制造插上腾飞的翅膀。

以此作序，同时也以此献给为国家装备制造业崛起而埋头苦干的工匠们!

# 推荐序二

PREFACE

## 匠心，即为致良知

方太集团董事长　茅忠群

在我的印象里，这应该是我第二次为作者的书作序。在第一本书里，唐崇健先生就非常强调管理的细节。作为企业的高管，他应该属于勤奋、严谨、高产的作者。他在书中强调的“匠心源于正心”的观点，正好与我提出的“创新和品质源于良知”的观点有异曲同工之妙。

方太走过的路，已经说明了“良知”的重要性。我们力争让每一款产品都能够让顾客感到动心、省心、舒心和安心，这是我的追求，也是方太的追求。在我看来，离开良知的创新可能会风行一时，但是它可能过度刺激人的欲望，让人走上危害社会的歪路；离开良知的品质也不可能得到真正的敬畏。而源于良知的创新和品质才能够真正让人们对生活和工作感到幸福和安心。而这种良知，落实到现实中，就是一批批良匠的涌现。

其实，工匠精神是中国优秀传统之一，而工匠精神的灵魂，就是王阳明先生提倡的良知。中国制造业要想获得世界人民的尊重，“中国制造”

要想成为世界人民喜爱的商品，中国产品就必须成为真正的精品，而这种精品只能出自怀有良知的人们之手，这也就是作者所说的具有“匠心”的“工匠之手”。

阳明心学是知行合一之学，是磨炼之学，再好的愿景、再美的口号，最终也一定要体现在行动力上。我希望更多的人读一读《匠心管理：如何铸造工匠精神》，把宏伟的人生目标或企业愿景转化为具体的行动，以良知为源泉，精益求精，把事情做到极致。

# 推荐序三

PREFACE

## 内有匠心，外有良品

坚持创新学院院长　周永亮

对于作者的《匠心管理：如何铸造工匠精神》一书，我是这本书的第一个读者（除了作者本人），从头到尾都细细地读过，感触极深，有很多共鸣，其中有两点与我的内心深深契合。

第一，“有正心，才能有工匠精神”。如果一个人内心深处对所做的事情缺少敬畏感，没有正心，管理制度再严格、流程做得再细致，这个人也一定不会完成得很到位。所以，现在的专家几乎一致认为：埃及的金字塔不是奴隶建造的。如此精致的工程，它的建造者一定是内心怀有某种强烈情感，一丝不苟地完成，甚至不惜牺牲自己的生命。前一段时间，我与中国一家从事飞机配件制造的老板聊天，他特别感慨德国工人的工作状态，他说，他们工厂里有德国的技师，他发现这些德国技师工作时眼神专注、清澈，似乎是在呵护自己的孩子一样。你想，如果员工有这样的状态，你还担心他的工作成果吗？

第二，“创新，就是匠心的外化”。我们谈创新多年，而且今天又是“大众创业，万众创新”的时代，可是，何谓创新？很多人有自己的解释。更多的人讲创新，都归结为技术的进步或是创新者的灵机一动。其实，如果缺少匠心，技术何来进步？如果缺少匠心，灵机一动又怎能外化为产品？一切正能量的创新皆为匠心之动。作者身处目前处于漩涡中的电缆行业，且为这个行业的元老级人物，目睹电线电缆行业30年的变化沧桑，对于行业内的诸多变化洞察至深。我想，作者之所以写成《匠心管理：如何铸造工匠精神》一书，恐怕也是内心深处的灵动。

希望本书能为浮躁的社会带来一片清凉，并引发读者思考，也衷心祝愿我们中国能涌现出更多的世界级工匠！

# 推荐序四

PREFACE

## 思想者唐崇健

南京宝色股份有限公司党委副书记　杨明劳

唐崇健是电缆行业有名的专家，也是著名的 CEO，这些，我都认可，而且我还认为，在这些方面，他做得很优秀，有业绩为证，再赘言便是多余了，但我更多地觉得唐崇健是个思想者。

知道唐崇健，是通过一本书。2014 年，西安交通大学管理学院举行建院 30 周年庆典活动，出了一本纪念文集，我和他的文章同时被收入文集。在阅读他的文章时，我就感觉到这位学友很有思想。我平时爱跟有思想的人交流，何况唐崇健是我的同门学友，于是，我通过管理学院办公室的老师辗转联系上了他。

其实，说是联系上了他，只是名义上的。作为企业 CEO 的他，实在是忙。他身边的工作人员寄给我几本他写的书：《管理，贵在坚持》《销售，贵在有心》《CEO 的微思考》。收到书后，我上网搜了一下，知道他的书在网上有售，便网购了他的另一本书《有些道理，你应该明白》。这样，他从 2010 年到 2014 年连续出的四本书，我都看了一遍。

我也是做企业的，而且，侧重于企业的文化研究，我深知思想对企业的重要性。一个企业有了思想，尤其是成熟的思想，这个企业就有了生存和发展的基础。唐崇健这四本书的写作和出版，恰逢金融危机愈演愈烈之时，经济下行压力不断加大。在这样的时候，唐崇健不断地思考，并把这种思考条理化、系统化，形成的内容结集出版，这本身就表明他是一个有成熟思想、有精神定力的人，是一个能够从战略层面上应对危机和引领经济实体的人。

在认真阅读的过程中，我如同与唐崇健在进行对话和交流，我愈发地感觉到唐崇健是个思想者。

第一，作为企业的经营者，每天要面对市场的瞬息万变，处理许多棘手的事情，在此背景下，能时刻保持对外界事物的敏锐观察实属不易。唐崇健做到了这种“不易”，这从一个侧面证明了他是思想者。比如，管理的真谛是什么，教科书上各种各样的解释唐崇健无疑都精研过，并努力吸收过，而他从自己管理的实践出发，得出了“贵在坚持”这一答案。

第二，思想者总是在不停地思考，仿佛他们生来就是为思考而活着。唐崇健就是这样的人。在生产现场，他思考，在会议间隙，他思考；在出差途中，他思考；在与客户、同事、政府官员以及形形色色的人物交流之后，他思考；在未做事之前，他思考；在过程中和完成后，他思考。总之，他每时每刻都在思考。笛卡尔说：“人是一根会思考的苇草。”唐崇健人生的全部乐趣仿佛就在思考上。思考，使他的决策和行动都更加符合内外部环境，符合事业发展的战略要求。

第三，思想者是很愿意将自己的思想同别人分享的。唐崇健是个高境界的思想者，他不遗余力地传播着自己的管理思想。在企业内部，他不断地用思想来回望过去，指导现在，引领未来，不断地用思想达成共识，统一意志，规范行动。在外部，他通过图书的出版来凝聚自己的思想，盼望与更多的人分享他的思想。

写下这些，一是感谢唐崇健让我读了他的书，给我的思想以启迪；二是盼望着唐崇健不断有包含新思想的书出版，让我能够继续看到；三是希望从事管理以及对管理感兴趣的人们，能忙中抽闲，读读思想者唐崇健的书，我想，他的这些思考对读者会有帮助的。

谢谢唐崇健！祝福唐崇健！

# 前言

INTRODUCTION

## 不忘初心

《华严经》里说："如菩萨初心，不与后心俱。"一般解读为"不忘初心，方得始终"。什么是初心？初心，就是在人生的起点处拥有的梦想，是一生渴望抵达的目标。每个人的人生伊始、事业起步之时，都不乏各种各样的梦想，只是随着时间的推移，生活的磨砺，我们越来越执着于眼前，淡忘了曾经的理想。正如纪伯伦所说："我们已经走得太远，以至于忘记了为什么而出发。"

习近平总书记在庆祝中国共产党成立95周年大会上发表了重要讲话，告诫全体党员："面向未来，面对挑战，全党同志一定要不忘初心，继续前进。"遵守最初的本心，就是要热爱、忠诚、信任、坚守，无论地位、境遇如何，始终保持"初心"、始终同心同德，不能忘记走过的路，不能忘记为什么出发，才能抵达远方！

改革开放以来，中国社会发生了翻天覆地的变化，一群勇敢的弄潮儿应运而生，他们以振兴民族产业、实业报国为己任，联想、海尔、长虹等一批民族品牌崛起，他们是这个时代的象征和骄傲！然而，在计划经济向市场经济转型的过程中，中国人抛弃了很多旧东西，也接受了很多新东西。有些东西是物质层面的，有些则是精神层面的。近年来，股市、楼市等火热，虚拟经济与实体经济的碰撞，让很多人在选择中焦虑、彷徨。大家都在找风口，都在做一夜暴富的梦。遗憾的是，很多企业家也选择了急功近利。

近来，关于中国制造业的话题再度引起热议，这源于福耀玻璃集团创始人、董事长曹德旺，计划在美国投资10亿美元建厂，生产汽车玻璃。被问及原因，曹德旺表示，“中国实体经济的成本，除了人便宜，什么都比美国贵”。确实，当前中国制造业产能过剩、出口下降、税费过重、成本上升，民间投资的增速下降，虚拟经济的过度繁荣，商业环境的不断变化，已经影响到实体经济的发展。在这个危机的关口，中国制造业的出路何在？我们还能再坚守制造业吗？这是每个企业家都需要正视和回答的问题。

境不缚人，而人自缚！习近平总书记“不忘初心，继续前进”的箴言言犹在耳。2016年岁末，中央经济工作会议作出了关于振兴实体经济的决策部署，国家密集出台了严管股市、楼市、汇市的系列政策，就是对相关热点问题的回应，这种震慑力和影响力已经迅速显现。在资本大鳄疯狂举牌优质实体企业的喧嚣中，格力电器董明珠的一声断喝斥责，不仅让“野蛮人”铩羽而归，也让王石保住了万科创始人的尊严，更让实体企业家们看到了希望。虽然马云和宗庆后关于实体经济的争论还会持续，但中国制造业必然会拨云见日、回归正途。在困境中踌躇观望、苦苦煎熬的企业家们，再次迎来了“撸起袖子加油干”的好时候。

这个世界，往往越是有形的物质，越容易被分解、摧毁，越是无形的思想、理念，越是无坚不摧！30 多年来，中国企业家群体生于毫末、风云际会，传承使命、责任和奉献的精神，迸发创业、创造和创新的激情，托起了中国经济的繁荣和民族工业的大旗。过去、现在和未来，考量企业家的依然是坚持和坚定，是信心、决心、恒心和爱心，更重要的是“匠心”！每一个劳动者、每一个企业家都要秉持这样的精神：摈弃那些投机思维和浮躁心态，用“匠心”生产出“工匠产品”，打造响亮的中国品牌，实实在在地助推经济转型、产业升级。

工匠精神既是一种技能，也是一种精神品质，代表着一个时代的气质：坚定、踏实、敬业和精益求精！工匠不一定都能成为企业家，但大多数成功企业家身上都有工匠精神。一个国家和地区的制造业，没有“工匠精神”是很难发展起来的，也不可能形成真正的品牌。培育精益求精、用户至上的工匠精神，是中国制造业转型升级的关键所在。所以，呼唤工匠精神、重塑工匠精神，是一个企业、一座城市乃至一个国家生存、发展、壮大的必由之路。

一切创新源于良知。从全球经济竞争环境来看，价格和质量已经不能成为核心竞争力，只有创造对用户有价值的产品才是企业的获利之道。创新离不开“匠心”，如果缺少工匠之心，创新只能停留在理念层面。创新从改变开始，对外改掉那些不能为用户创造价值的习惯，对内改掉不能为企业创造价值的习惯，无论是产品、服务，还是管理的改变，都必须为企业创造价值，这才是创新的真谛。

坚守责任，才能凸显价值。企业竞争力来自为用户创造的价值。是谁创造了这些价值？是员工。现在很多的企业不缺学历型人才，缺的是能改进工艺、解决难题的高技能人才。中国制造更需要大量的“工匠”，精诚、能干的员工是促使企业长久发展的一个重要元素。同时，企业不仅是一个提供产品和服务的地方，更是一个培养和生产人才的地方。企业除了有责任办好企业之外，还应当承担起为社会培养人才、造就“匠人”的责任。

历史上，中国不缺工匠精神。远的像鲁班这样的大家，近的包括同仁堂在内的“百年老店”，都是工匠精神的杰出代表。百年来，工匠精神引领着世界各地的长寿企业不断向前奔跑，并成为其生生不息的重要源泉。日本经营之神松下幸之助认为，企业家不必是万能的，但必须是品德高尚的人，谦虚、宽容、负责等是培养“素直之心”的重要手段。在日本商界，追捧《论语》的企业家，都推崇“士魂商才”的概念。也就是说，一个人既要有“士”的操守、道德和理想，又要有“商”的才干与务实。我们如何重塑中国特色的工匠精神？华为任正非的坚持，格力董明珠的豪情，娃哈哈宗庆后的专注，还有许多优秀的企业家们，一往无前、一路践行，他们的精神、品德、境界和追求，彰显了这个时代的正能量，值得我们去探寻和思考，这也是我决定写这本书的初衷。

相由心生，境随心转！快乐就像一盏油灯，当灯被点亮时，它不需要向黑暗说：“让我来照亮你吧！”房中的黑暗角落自然会被照亮。当你的心中充满快乐时，你不需要刻意地去做什么，你周遭的生命也自然会被照亮。过去，我们实现不了梦想，只因我们忘却了初心。一旦我们选择了梦想，便意味着我们要承担时代所赋予我们的一切责任，用我们的“喜心”点燃信念和激情，用我们的“信心”追求创新和精进，用我们的“匠心”引领中国制造业的未来！

不忘初心，我们继续前进！

唐崇健

2017 年元月于上海

# 目录

CONTENTS

# 第一章

# 工匠精神，源自正心

工匠精神的内核是正心。正心，才能诚意；诚意，才能生产匠品。匠心是一种信念、一种情怀，是把工作或一门手艺当作信仰和追求，是对职业有敬畏，又有追求突破、追求极限的创新活力，也是根植于每个人内心深处的人性冲动——把事情做好。在“互联网+”时代，工匠精神显得尤为重要，坚守工匠精神，专注于匠心，孜孜不倦并持之以恒，这样才能做出极致的产品，才能取得非凡的成就。

## 用心，才能铸就“工匠精神”

国务院总理李克强在2016—2017两年的《政府工作报告》中均提到“工匠精神”，可谓用意至深。同时，也让我们思考：一个曾经匠人层出不穷的国度为何重提“工匠精神”！

2016年1月4日，李克强总理在参加一个有关钢铁煤炭行业产能过剩的座谈会时，举例说中国至今不能生产模具钢，比如圆珠笔的“圆珠”都需要进口。

1895年圆珠笔就已经被发明了，高铁、飞机都造得出来的中国，竟然还不能生产圆珠笔头！如果不是总理说出来，估计好多人都不知道。其实，类似这样的事例还有很多，比如虽是农业大国，很多种子却长期被控制在国外；航空母舰造出来了，但尼龙绳却造不出来等。

当然，2016年，国内一家企业终于宣布：我们生产出了总理说的“圆珠笔头”，这既让我们兴奋，也让我们尴尬，似乎是被总理点了名以后才生产出来的。

看来，不是我们生产不出来，也不是我们不聪明，是我们很多人不愿意弯下腰来将一件小小的产品做到精致。

很长一段时间，国人都有些看不起“匠人”，很多人认为工匠是机械重复的工作者。其实，工匠是一种气质，意味着坚定、踏实。工匠不一定都能成为企业家，不一定会大富大贵，但大多数成功企业家身上都有这种“工匠精神”，西方人称之为“偏执”，比如乔布斯对苹果品质的偏执追求。

中国，作为一个制造业大国，竟然缺少“工匠精神”，这本身已经是一件不可思议的事，而“中国制造”竟然在国际市场上长期成为劣质品的代名词，这其中重要的原因之一就是人家做事比我们更严谨。

据统计，全球寿命超过 200 年的企业，日本有 3 146 家，为全球最多，德国有 837 家，荷兰有 222 家，法国有 196 家。为什么这些长寿的企业扎堆出现在这些国家？秘诀就是他们工匠众多，更好地传承了“工匠精神”！

工匠，不是给钱多就能成的。把工作当作一种修行，才能做出极致的产品，才能取得非凡的成就。这主要体现在：第一，你热爱你所做的事，胜过爱这些事给你带来的钱；第二，精益求精，精雕细琢。

好的工匠，在工作中不断发现新问题，改进生产工艺流程，从而提升产品质量、企业效益和工作效率。无数事实表明：企业生产技术的创新，不仅是专家和工程师的事，工匠在其中也起到了至关重要的作用。严格来说，专家、工程师，首先应该是一名工匠。

我们可以从瑞士制表匠的例子上一窥究竟。瑞士制表匠对每一个零件、每一道工序、每一块手表都精心打磨、专心雕琢，他们用心制造产品的态度就是源于“工匠精神”的思想和理念。在工匠的眼里，只有对质量的精益求精、对制造的一丝不苟、对完美的孜孜追求，除此之外，没有其他。正是凭着这种凝神专一的工匠精神，瑞士手表得以享誉中外、畅销世界。

“工匠精神”不是瑞士的专利，日本式管理有一个绝招：用精益求精的态度，把热爱工作的精神代代相传，这种精神其实就是“工匠精神”。

“工匠精神”不是口号，它存在于每一个人的身上、心中。长久以来，正是由于缺乏对精品的坚持、追求和积累，才让我们的个人成长之路崎岖坎坷，组织发展之途充满荆棘。这种缺乏也让持久创新变得异常艰难，更让基业长青凤毛麟角。所以，在资源日渐匮乏的后成长时代，在互联网思维狂舞的疯狂年代，重提“工匠精神”，重塑“工匠精神”，不仅是中国制造业升级的必由之路，而且是中华民族精髓的重振。

### 工匠精神的内涵

精益求精，注重细节，追求完美和极致，不惜花费时间精力，反复改进产品，把99%提高到99.99%；严谨，一丝不苟，不投机取巧，对产品采取严格的检测标准，不达要求绝不轻易交货；耐心、专注、坚持，不断改进产品和服务，因为真正的工匠在专业领域上绝对不会停止追求进步。工匠精神的目标是打造本行业最优质的产品，令其他同行无法匹敌。

## 发心， 傻傻的倔强

匠心，工匠之心，有心才成匠，“心”是指能工巧匠的心思，讲的是创造性的构思。只要拥有一种纯粹为了把事情做好而好好工作的欲望，我们每个人都是匠人。在一切讲求效率、减少成本并尽力获得利益最大化的时代，我们需要这样的始终如一。让做产品不仅是一种物质行为，更是一种实现理想的人文行为。

工匠精神不是因循守旧，它是在传统工艺的基础上不断创造新工艺、新技术的过程，是一种传承与创新的并存。这其中不仅包含了技艺和文化的沉淀与融合，更是浮躁社会所缺乏的一种坚定气质与坚守。

工匠精神，重要的不在于工匠采用的方法，重要的是一种精神追求，一种持续精雕细琢、永不满足、永不妥协、追求完美的态度。

工匠精神是行动力和执行力交互作用的产物，在日复一日、年复一年的工作中，通过凝心聚力的操作和实践内化为人的精神。

匠心，需要笨笨地做人，笨笨地做事，就是任正非说的“有点傻”。

众所周知，我们国家是一个制造业大国，工人数量众多，但能被称为工匠的却屈指可数。从表面看，工人和工匠之间只有一字之差，但两者却有天壤之别。

“工匠精神”是一种热爱工作的职业教育。和普通工人不一样的是，工匠的工作不单是谋生，而是为了从中获得快乐，这也是很少有工匠会去改变自己所从事的职业的原因。这些工匠都能够耐得住清贫和寂寞，数十年如一日地追求着职业技能的极致化，靠着传承和钻研，凭着专注和坚守，去创造一个又一个的奇迹。

工匠精神既是一种技能，也是一种精神品质，更关乎着一个国家的工业文明。“很多人认为工匠是机械重复的工作者，其实工匠有着更深远的意义，代表着一个时代的气质，坚定、踏实、精益求精。工匠不一定都能成为企业家，但大多数成功企业家身上都有这种工匠精神。”

当代著名社会学家和思想家理查德·桑内特在他的《匠人》一书中说，几乎每个人都可以成为匠人，因为匠心——把事情做好的欲望，是根植于每个人内心深处的人性冲动。

在这个日新月异的社会，人们常常会把创新者和匠人拿来比较，似乎求新变异才是最有意义的部分，才是价值所在。真的如此吗?

在这个世界上，一直不缺少有想法的人，但踏踏实实做事的人却很少。而在一件事情完成的过程中，更多需要的是无数看上去并不起眼、似乎没有创新的环节，他们看起来平淡无奇，实则能起重要作用的人。匠人，指的就是专注于每一个规定的工序和细节，反复练习，用心去做，最终做到极致的人。

匠人之心，是对信仰的一种坚持，用十几年如一日的坚持去达到完美。而这，正是一个社会不断变化和进步的根基所在。

当我们真正地了解一位匠人精致的世界时会发现，达到那种极致之后，才进入了一个无比广阔的自在世界。

《匠人精神》的作者秋山利辉对此做了概括：“一流的匠人，人品比技术更重要，有一流的心性，必有一流的技术。”

当前，互联网时代追求速成和兑现，不少企业热衷于“上市圈钱”，不少新兴行业忙着赚快钱，抄袭、山寨盛行。这样如何能做到基业长青呢？“有匪君子，如切如磋，如琢如磨。”《诗经》论述的君子之道，也适合匠人之道，适合企业之道，对当下有启示意义。

**你可以笨，但不能懒**

碌碌无为多因三心二意。

拥有无人取代的能力，才是最好的保护伞。

成功就是在别人停下来的地方，再向前走一步。

让我们陷入困境的，不是无知，而是看似正确的谬论。

你可以笨，但不能懒。你可以不会，但是不能一直学不会。

所有成功的背后都有着持之以恒的努力。

## 专心，不懈的行动

匠心，要体现在行动上，才是真正的知行合一。

最好的行动，就是现在行动，是不懈地行动。懒人，是永远成为不了匠人的。

一件看上去繁难的事，只要开始做了，就会变得越来越容易；如果没有开始，就会永远都是难事。

我们内心的懒惰、恐惧和侥幸附带各种借口，在本该有的行动之前设置了重重阻碍，这些心理上的阻碍往往超过了行动本身的难度。

纵使一件事情真的很难，你迈出第一步试试，有何不可？且不说难事，就算是一些立马可以解决的小事，我们有时也会拿出种种借口拖延下去。

如果总能想到一件事就完成一件事，那么我们同时应对的事情就少了，也就不用多花心思去“管理”那些要应对的事情。而待完成的事情一多，管理的复杂度就直线上升，相应地，记忆负担、情绪负担和人际负担也会显著加重。

先把必须要做的小事处理掉，是我们保存积极和从容心态的一剂良方。

当然，也不是说所有的事情都应该即刻行动。有些事情牵涉的方面比较多，并且原本就无法在短期内解决掉，那就需要我们从长计议。这时第一步一般是做计划，做计划虽然主要是构思工作，但也是行动的一种。所以，对于复杂的事情，即便表面上没有立即行动，但你还是可以尽早地进行规划。

所有的等待都是有成本的。对于大多数人的大多数事，“现在”就是最好的时机。与其等待，不如现在就开始。

种一棵树最好的时间是十年前，其次是现在。

所以，即刻行动应该是我们最重要的一条行动法则。

做，永远比说重要。

对匠人而言，这个世界上根本就不存在“不会做”这回事，只有你想不到，没有你做不到。今天人类的一切，都是过去梦想的结果。当你失去所有依靠的时候，自然就什么都会了。

比不怕失败更强大的是从零开始的勇气。

不承认“不可能”，一切才有可能。

做一件事情有没有用，只有你做了才知道。

在工作中，“做完”和“做好”仅有一字之差，但两者的本质是不同的。“做完”是工人，“做好”是匠人。前者执行了但却不到位，而后者不但执行了，而且到位了，它代表着对自己的目标负责，对上级组织负责，对公司利益负责。

## 行于当行，止于当止

做有用的事，说勇敢的话，想美好的事，睡安稳的觉。把时间用在进步上，而不是抱怨上。

把手头上的事情做完，才能算是真正意义上的做。

我们常会对浪费掉的时间合理化，但就怕在一连串浪费时间的举措和荒唐行为之后，你的人生所剩不多，人生中该完成的事，一样也没做。

没有好好掌握时间，通常是一事无成。时间管理的第一要诀在于，先做最重要的事。

要想把事情做好，光有意愿是不够的，必须去行动，然后去坚持。

有时候我们需要在一段时间内只做一件事情，专注才会成功。

俗话说：“心想事成”。虽然“心想”的事不一定都能成，但心不想，或不用心地胡思乱想，还能做成的事毕竟不多。

## 定心， 正确的坚持

匠心，就是用“挑刺”的精神把每一个细节做好。

对于制造业来说，真正的核心竞争力是创造，没有创造就不叫核心竞争力。

不管是国有企业，还是民营企业，唯一不能缺少的就是创新，除了宏观层面的战略创新，最常见的就是管理创新、工艺创新、过程创新。没有创新，技术也好，质量也好，都是昙花一现，不可能持久。因为只有不断地创新，才有好的运营系统、好的管理系统，然后，才是好的产品和服务，才能让每一处都是公平、公正的，才能真正有竞争力，才能让更多的技术显现出来。

一个产品当对其的打造达到了最初设计的要求时，可以认为已经达到了目的，但是当对已经满足现有要求的产品再进行改进和研究时，我们就认为这是工匠精神。工匠精神的目的是希望打造完美的产品。

任何工作99%的部分都是枯燥的，比如体育运动。刘翔的跨栏，真正的辉煌，一生可能就几次，甚至只有一次，但枯燥的训练却是每天不能停。但为什么那么多人包括他自己仍然能在工作中找到乐趣？我认为，那是因为他们具有工匠般的坚持。主要表现在：① 寻找最让自己心动的东西，这个过程很忘我；② 对工作注入情感，你和工作都会因此动人。

匠心，可以用一句话来总结：就是把产品做到极致的心态。它要落实在产品上，公司是否能做出让客户尖叫的产品？产品有有形的，有无形的，无形的服务也是我们的产品。

过去很多企业随便做产品，打广告就能生存下来，那是“广告为王”的时代。现在客户很理性、对产品的选择余地很大，所以要把产品做到很棒、做到极致、强调“产品为王”。

每个员工也是企业最核心的“产品”，种子决定结果。明天你是谁，今天就请开始假设你是谁。因为，所有的产品和你有关。

用心就是要敬业。敬业，会让我们出类拔萃。你工作的质量往往会决定你生活的质量。不满足普普通通的工作表现，用心至极，超越平庸，精益求精，选择完美，这是我们每个人一生要追求的目标。

匠心，就要一心一意地做好每一件事，把工作与梦想结合在一起，工作不再是工作，而是一种追求，并且能够称之为事业。有这样的热爱，才能用心至极、精益求精地对待工作。

用非常满意的目标、最好的工作态度、专业知识去对待你所做的每一件事，你一定会非常成功。

很多成功，是源于最初的坚持，并且一直坚持。

生活没有输赢。赢了，是生活；输了，也是生活。我们需要的是追求和学习的过程，而不是最后的结果。

一件事只要你坚持得足够久，“坚持”就会慢慢变成“习惯”。原本需要费力去驱动的事情就成为按部就班，原本下定决心才能开始的事情也变得理所当然。

为什么军队是人类有史以来最具战斗力的组织？不是因为先进的武器，而是信仰为它带来了强大的组织纪律性。信仰可以让员工知道为何而战，然后自我约束。信仰还能够明确团队的方向，帮助企业树立共同目标。当一个管理者拥有了用信仰管人的能力，他就获得了这个世界上最昂贵的管理财富。

几乎世间所有的美好，都是因为相信、因为坚持。

每一日你所付出的代价都比前一日多，因为你的生命又少了一天，所以每一日你都要更积极。

成功都是在坚持中得来的。

我们都有这样的体会，即使一件简单的事，能坚持到底也非易事。做一件事不难，难的是每天都做同一件事而不放弃。常言道："绳锯木断，水滴石穿。"量的积累需要长期付出行动，而这正是考验人的意志、决心、耐力、勇气的最好实践。能够坚持即具有这些品质，而具有这些品质的人更容易达到目的、取得成功。

成功者决不放弃，放弃者决不成功。成功离不开坚持不懈的追求，很多人之所以不成功，不是因为他们不够努力，而是他们不能持续努力下去。成功，有时候也许只是多努力一次而已。

坚持的意义就在于——不但要努力，而且要持续努力，这样你的努力才有意义。

西点军校有一句名言："放弃之前，问问自己是否真的已经竭尽全力。"在面对每一件事情的时候，每个人都应该记住这句话：成功都是在坚持中得来的。

再远的路，越走也就越近；再高的山，只要攀登终能到达顶峰；再难的事，只要做下去就会越来越顺。

是的，成功在于坚持，坚持似乎是最容易做到的事，只要愿意，人人都能做到；但坚持又是最难的事，最后真正能做到的，永远是少数人。

人无非两种：抓住了机遇的人和没有抓住机遇的人。抓住机遇的人，都是坚持到底的人。

## 坚持一件事原则

一个人的精力是有限的，把精力分散在好几件事情上是不明智的。最成功的人都是能够迅速而果断做出决定的人，他们首先确定一个目标，并集中精力，专心致志地朝这个目标努力。

能成大事的人，都把某种明确而特殊的目标当作他们努力的主要推动力。

如何才能专心致志地做好一件事呢？首先你必须要有自信心和欲望，因为自信心和欲望是构成“专心致志”行为的主要因素。当你专心致志地投入工作中时，就应该把你的眼光投向一年、五年甚至十年后，并坚持、努力、专注地去做。唯有专注，才有可能付出努力。

有时候，动身去做一件事需要充分的思考，思考可以说是一个好习惯，但也不能因为过度的思考而耽误了行动。

一次只专心地做一件事，全身心地投入并希望它成功，这样你就不会感到累。放下无谓的负担，你才能一路自在、轻松地前行。

在当今社会激烈的竞争中，如果你能对一个目标集中精力，成功的机会将大大增加，所有的成功都是源自我们苦苦奋斗和坚持的结果。

## 静心，神般的专注

与其同时定下很多目标，还不如只定一个目标。这样不仅会减轻你的压力，还使你更容易成功。你将全部精力集中在唯一的目标上，这会加大成功的砝码。列一个重要事情的清单，每天只完成三件当天最重要的事情。一天只做三件事，三件最让你有成就感的事。不要让无关紧要的杂事影响你的生活。

一个人如果仅仅有知识，只能算一个移动硬盘；一个人如果仅仅熟练掌握了各种技能，最多算一个工匠；一个人如果只会思考而欠缺知识和技能，只能算一个空想家。如果想成为真正的高手，你需要在两个方面加强和提升。一个方面是知识的积累和技能的训练，另一个方面是思维能力的不断提升。但这两个方面的提升都不是凭空来的，除了需要学习，更需要艰苦卓绝的实践，通俗点说：去干活，干困难的活，解决复杂问题。

如果好好学习的最终目的是为了找到一份好工作，那么为什么不一开始就向着“找好工作”而努力呢?

一个人之所以被推上管理者的岗位，往往是因为他在一个非管理职位上表现出色。他是那个技能最熟练、最具聪明才智、最有效率的团队成员。

无论在哪个领域，最厉害的人都会是那个知识足够多，你没做过的事他做过，并积累了经验，你没见过的他见过，你没思考过的他想过很长时间的人。

能讲出故事的人，有思想；能讲出故事并让人爱听的人，有影响力；能让别人讲出自己故事的人，有价值。

你不聪明，但只要勤奋就行。勤勉的牛虽然不可能名利双收，但至少有草可以果腹。

拖垮你的不是勤奋，而是无用功。

运气就是机会恰好碰到你的努力。

圆滑的东西是堆不高的，总得方方正正才可以堆得高。

向自己的目标飞奔的人，才是美好生活的播种者。

真正的成熟是安顿好自己的欲念，而真正的快乐是欲念的适度。

生命中最重要的东西，越早明白越好：正确定位自己的人生价值；走自己的路，不要在意人生路上无足挂齿的事情；趁年轻行走在路上，看喜欢的书，结识喜欢的人。

当下很多人是干一行，骂一行；干一行，恨一行。这个世界上有各式各样的工作，如果真的没有兴趣，大可以跳槽转行，潇洒地挥一挥衣袖，但如果自己的能力不够，实力不强，无论走到哪，干什么工作，都只会灰头土脸到处碰壁，最终变成干一行恨一行。喜欢的工作会因为一时的不顺心而心生厌恶，可不喜欢的工作也会因勤奋努力，不断拼搏而逐渐熠熠生辉。

# 第二章

# 智慧之匠，成就卓越领导者

很多人认为工匠是机械重复的工作者，其实工匠有着更深远的意思。他代表着一个时代的气质，坚定、踏实、精益求精。工匠不一定都能成为企业家，但大多数成功企业家身上都有工匠精神。作为企业管理者，应着眼于企业的未来发展，强调自我的特色和个性，带领企业生产出独具特色、具有市场竞争力的匠心产品，这样才能成为卓越的领导者。

## 独具匠心，才能成就真正的企业家

在市场大环境好的时候，大家都赚钱，蒸蒸日上；当市场大环境不好的时候，大家都亏损，走下坡路，这是中国很多行业中的企业现状。

在当今社会，公司没有业务增长就意味着落后于这个每天都在前进的世界。如果你不发展，竞争对手最终将超越你。

多少年来，在社会大环境的影响下，中国人已经习惯了学习别人、成为别人。从小到大，我们都是在“向别人学习”的环境中成长，抄袭、模仿、山寨成为中国市场竞争中的普遍现象。

国外发达国家的企业则截然相反，几乎每一家企业都有自己独特的定位，能告诉客户我跟别人哪里不一样。一般来说，别人做什么，自己就不去做，如果要做，也一定要找到差异化要素。这样一来，每一家企业都有自己的地盘，都可以过上舒服的日子。

中国企业组织普遍存在两个不足：一个是组织结构仍然是传统结构，流程繁冗，效率低下；另一个是企业家凌驾于组织之上，组织资源无法有效开发。

企业规模小的时候，一切都在老板的掌控之下，即使所有事情亲力亲为也能照顾过来。当企业规模大到一定程度时，事必躬亲就失灵了。最终，会做事的不一定是合格的老板，但会用人的一定会成为合格的老板。所以，开会时，一把手只谈人，其他人才谈事。

如果当高管的只是按照老板的吩咐去做事，那就根本不是高管人才，因为称职的高管不是老板告诉他做什么，而是他告诉老板应该做什么，他是给老板提供解决方案的。

作为企业管理者，始终要考虑企业的未来发展，而不是简单地考虑今年和明年的生存问题。要从完整产品的角度去寻找差异化，发现那些有利可图但别人却做不了的业务增长机会，而不是简单地去生产同质化产品。要强调品牌的特色和个性，而不是强调产品的功能和价格。要通过高调的“地下工作”寻找产品创新的源泉，而不是通过高调的“舞台表演”促销产品。

现实中，有很多的企业管理者，他们不是让复杂的问题简单化，恰恰相反，他们让简单的问题变得复杂，而且难以理解。

很多企业之所以陷入困境就是因为其企业领导者疏远市场、疏远客户，因而获得的是一些经过过滤的不对称信息。直接接触客户能够得到其他市场调研方法所不能提供的信息和见解，而这种商业常识经常被人们忘记。

此外，我们应该尊重商场上的“做熟不做生”的法则。你对哪行熟悉？做什么最有把握？多元化、跨行业，未必能够提高企业的抗风险能力，往往会给企业带来无法预测的巨大风险。

尚德，曾经是无锡的一张名片。“尚德务实、和谐奋进”是无锡的城市精神。如今，“尚德”两字仿佛成为对无锡和尚德的巨大讽刺。因为，快速发展的“尚德电力”破产了，曾经的首富施正荣财富归零了。

今天，在中国大地上，这样的故事在很多行业还远远没有结束。

很多中国企业的快速发展得益于中国的市场，得益于中国的政府。当然，水能载舟，亦能覆舟。太阳底下在不断重演过去的故事。这是我们很多人已经付出的，或者说还有很多人还得继续付出的。

其实，企业的发展成长，有其规律，就像庄子讲庖丁解牛一样，你掌握、利用了这个规律，就是“以无厚入有间”，很容易把事情办得漂亮；反之，你就算把牛杀了，也会把自己搞得满头大汗，活儿干得一团糟。

很多企业家非常努力，但从不停下来想想，自己做事情的背后有没有什么道理。就好像我们都看见过这样的景象：一只苍蝇想要飞向光明，一遍遍地撞击玻璃窗，想要冲破它。苍蝇大概是觉得自己还不够努力，直到把自己撞晕，都不会去想自己遇到了什么问题；假如它没有撞上玻璃，飞得很顺利，它也不会去总结。以它的悟性，不足以去思考或跟同类分享怎样留心注意才不会撞到玻璃。

有拼搏精神的人，内心都是骄傲的。而敢于在真实的舞台上与别人竞争的人，一定是很优秀的，而这样的人常常不善于听取别人的意见。

在以知识为主要推动力的现代经济里，没有什么比企业家思想的创新和冷静的思考更能影响企业的健康和持续的发展。因为在新时代，我们没有坐标，也不能用过去成功的经验来指导今天的发展。

我们生活在一个信奉物质主义的时代，对许多人而言，财富已经超越了其自身的价值，成为一种万能的存在。这种可怕的金钱万能观，使得人和企业存在的目的和意义，也被简单地物质化、工具化、功利化。许多企业和个人，得到了财富，却迷失了自我，远离了道义、健康、自由和幸福，少数人甚至为财走险。

我常常在想，企业存在的目的究竟是什么？

德鲁克在其 1973 年发表的代表性著作《管理：使命、责任、实务》中，对企业存在的目的做了定义，他说："企业的目的只有一个适当的定义——创造顾客。"他进一步推论说："由于企业的目的是创造顾客，因此，任何企业都有两项职能，也仅有这两项职能——营销和创新。只有营销和创新能产生出经济成果，其余的一切都是'成本'。"

新东方创始人俞敏洪写过一篇文章《新东方存在的目的是为了什么》。他在文章中写道：新东方存在的目的是什么？是为了挣钱吗？肯定不是！挣钱应该是前进方向正确后的一种自然结果，就像一个人拥有理想，努力学习，成功和成就是必然的回报一样。成功和成就是水面上的睡莲，最重要的是水面下的根系。我们如果不在水下种睡莲的根，就不可能有水面上的花。

乔布斯在谈及企业哲学时曾说过："工作将是生活中的一大部分，让自己真正满意的唯一办法，就是做自己认为有意义的工作。做有意义的工作的唯一办法，是热爱自己的工作。你们如果还没有发现自己喜欢什么，那就不断地去寻找，不要急于做出决定。就像一切要凭着感觉去做事情一样，一旦找到自己喜欢的事，感觉就会告诉你。就像任何一种美妙的东西，不要半途而废。"

当今企业要追求什么？我更倾向于俞敏洪和乔布斯的观点。

企业存在的唯一理由不一定完全是创造利润或顾客，而是创造幸福和建立和谐。

一个发展良好的企业，应当是由物质与精神共同构成的系统。而当下有些企业，虽然创造了物质财富，却破坏了道德与精神，甚至破坏了人生的幸福、和谐与美好。

企业的存在，显然有比创造顾客或创造利润更高级、更复杂的目的和意义，这些目的是多样化目的的一个集合，用当下的词语来表达，就是"创造幸福或创造和谐"。

物质世界具有排他性，分享便会减少。"贫"字，从字形上看，它的意义就是"分钱"（分贝，贝就是钱），钱被分享便是"贫"。但在精神世界，越分享反而越富有。对物质的追求，会导致竞争、矛盾、对抗；而对精神的追求，却会带来开放、友爱、合作、共鸣和共赢。

把企业存在的目的定义为创造利润，并不能帮助每个人实现财富。当然，把企业存在定义为“创造幸福或和谐”，也不可能帮助每个人实现财富，但“创造幸福或和谐”可以将人们努力的方向更多地转移到实现幸福上。

### 幸福和谐的企业是什么样的？

幸福和谐的企业，更重视人的精神世界，更重视培养员工强大的精神力量，以克服物质基础的相对不足。

幸福和谐企业的一个重要基础，是企业要富有效率和成就。成就幸福和谐企业，并不会削弱企业的竞争力。相反，企业竞争力来源于人们的创造力以及对企业贡献的意愿。幸福和谐企业的创建，可激发人们的创造激情和对企业的热爱，这对提升企业的创造力和竞争力是有帮助的。

企业在通往幸福的道路上，时刻伴随着竞争，并要在竞争中建立起自身的优势和实力。软弱涣散和碌碌无为只能导致企业的衰败甚至消亡，那样就完全偏离了企业发展的轨道。

虽然中国当下企业生存的现实环境，在许多领域是非常恶劣的。即使这样，为了获得利益而出卖自己的灵魂，甚至触犯法律，得不偿失。利益当前，很多时候企业的自律和自觉都是靠不住的，需要政府拿出改革的决心和力度。

从创造利润到创造幸福或和谐，这将是每个企业、每个企业家未来要探讨的问题。对于诚信企业、诚信社会、诚信中国发展方式的转变，也是一个重大的认识转向和发展的必然。

## 简约匠心，才能成就卓越的领导者

企业稍微有些发展，规模大了，“团队共识”就成为很多管理者头疼的事情。这时候作为管理者、领头羊的人一定要注意四点：一是要为和你共事的人着想，让他能得到提高，鼓励他超越你；二是高标准严要求是爱，要知道领导不狠，下属必稀松；三是“一将无能累死千军”，用人做事要遵循自然规律，有远见卓识；四是你想怎样被对待，你就怎样对待别人，因为谁也不会给不欣赏自己的人“卖命”。

如果一个企业打算迎接千变万化世界中的种种挑战，必须做好充分的准备。在企业运营中，除了信念以外改革自身的一切。

用传统做法成长起来的“老人”操作新模式，成功极难。改造一群“老人”比培育一批新人难度更大。在新的发展过程中，新人新市场，新人新政策，新人新方法，是比较好的做法。

只有一块手表，可以知道时间；拥有两块或者两块以上的手表并不能告诉你更准确的时间，反而会制造混乱，会让看表的人失去对准确时间的判断。手表定律在企业管理中，表现为如果存在多种管理方法或不同风格领导甚至不同的目标时，就会让员工无所适从。

和优秀的人共事很简单，告诉他要做什么事，要什么效果，他就会想办法去搞定。因为不讲条件，经过无数次积累，他本人就成为最大的“条件”，缺了他，这事别人搞不定。所以，越是出色的人越善于在缺乏条件的情况下把事情做到最好，越是平庸的人越是对做事的条件挑三拣四。好员工是干出来的，如果本身能力有限，就算有人教也没用。通常老板喜欢的员工有以下特点：在边界事项与可能办不成的事项上能勇于担当，而在模糊的事项上能算大账，不斤斤计较。

成功不一定是一种模式，应该是一种实践。有些公司通过集权，整合了资源，获得了很好的发展；但也有通过授权，给业务单元很大的权力，获得很快发展的。

企业的管理者要不断地捕捉新的机遇，进行有效的创新活动，才是长久的生存之道。管理者要有洞察力和执行力，要知道企业实施的每项工作如果要成功，80%靠的是执行力。管理者要持续培养团队成员对事业的热忱，满足不断变化的需求。

麦肯锡的运营管理经验是：一个中心——以企业目标为中心。两个基本点：靠制度管人，按流程办事。三大运作规则——标准化、制度化、规范化。四大运作原则——目标管理的原则、全员参与的原则、过程监控的原则、持续改进的原则。

对于企业的未来发展，我们要做到：有明确的战略方向和目标，有包容的文化，培养自己对内对外的服务能力，强有力的执行力和领导力是关键，形成自己的组织智慧，让变革和创新常态化，劳动力管理精细化。

我们来到了一个新时代，这个时代最渴望的事，就是不再渴望，而是行动与创造！

在党的十八届三中全会上，通过了《中共中央关于全面深化改革重大问题的决定》，“紧紧围绕使市场在资源配置中起决定性作用，深化经济体制改革”将为中国开启一个“一切劳动、知识、技术、管理、资本和活力竞相迸发”“一切创造社会财富的源泉充分涌流”的全新时代。在这个时代舞台上的主角，无疑是那些在市场上进行资源配置的企业家们。因此，我们可以断言，即将到来的是一个企业家大有作为的时代。

“完善产权保护制度”为企业去除了后顾之忧，也将催生自主企业时代的到来。

“改革红利”不但是巨大的，而且是现实的。实际上，改革是波澜壮阔的结构变迁，是资源重组的系统再造，雄才大略的企业家们将在这个过程中开创伟大的事业，收获巨大的成功，创造美好的人生。

“扩大金融业对内对外开放”给企业家产融结合，实现商业模式的创新提供了条件，让企业家在市场的舞台上长袖善舞。

这是一个变革的时代，如果没有变革的基因、变革的特点、变革的追求，我们就会被时代所淘汰。紧随时代的脚步既是一种变革，也是一种选择。

企业作为市场的主体，自主决策、自主发展的空间将会得到极大扩展，企业发展的政策环境也必将逐步改善。

我国正处于转变经济增长模式的关键时期，鼓励和促进创新是转变增长模式的根本性措施，而企业家的使命和工作就是创新。

市场经济中的企业家指的是这样一群人——他们有敏锐的目光，能够及时发现社会需求，甚至创造社会需求；他们有承担风险的勇气和能力，能够组织资源，在市场前景并不明朗的情况下，开发和制造社会所需要的产品和服务；他们以个人的声誉和资产承担失败的后果，也以个人的名誉和资产赢取成功的收益。

管理和技术是推动企业未来发展的两个轮子。对现有企业来说，加强技术改造是提高产品质量和效益以及应对资源消耗、环境损害、保护生态、产能过剩、安全生产的有效途径，企业必须给予高度重视。

未来企业的竞争很大程度上是创新技术的竞争，创新技术是企业获得持续发展的基础保障，必须从战略上予以高度重视。要进一步加大技术创新的资源投入，更加重视创新人才的培养，建立推崇和鼓励技术创新的企业文化。

同时，要重视技术创新与管理创新的结合，将信息化、网络化等技术手段引入企业管理中，提升管理效率和水平。管理中重视技术创新，通过管理创新促进技术创新，并巩固技术创新的成果。

我们在迎来机制创新和企业发展的同时，也处于更趋激烈的竞争环境中。企业间的竞争已由产业技术含量和管理水平的竞争演变成为企业人才的竞争，企业人才成为应对国际、国内市场激烈竞争，实现企业战略目标和持续发展的首要资源。

企业人才是指忠于企业，能把个人事业的发展与组织目标的实现相统一，在企业整体运作的关键环节上发挥重要作用，具有较强的不可替代性的人。就企业而言，如果所处的工作环境和产业性质，对吸引人才、留住人才不具任何优势，但企业要生存、要发展，又必须吸引一批优秀人才，用好、培养好现有人才。因此，在现代企业管理下，盘活现有人才，实施人才经营战略至关重要。

## 没有成功的企业，只有时代的企业

没有成功的企业，只有时代的企业，所谓成功只不过是踏准了时代的节拍。凡事往好处想，往好处做，就会有好的结果。

在市场蛋糕足够大、单个企业市场占有率足够小的前提下，任何企业没有做好，都不能怪政策或环境，应该反思自己的战略和决策。

市场在资源配置中起决定性作用，而企业家是市场资源配置的建筑师，因此，我们必然要迎来一个企业家大有作为的时代！

不管你喜欢或厌恶，得心应手或左支右绌，互联网营销都已经“登堂入室”并强势发挥作用了。如何趋利避害地融入“互联网 +”是当下每个企业必须认真研究的课题。“互联网 +”从根本上说，加的是企业核心竞争力。互联网只是一个得力的新工具，它为你和市场、客户提供了一个便捷的路径。

一些企业对“互联网 +”持怀疑态度，担心其对现有商业模式造成冲击甚至颠覆；一些企业对“互联网 +”抱有观望心态，不相信“互联网 +”具有的巨大力量和积极作用；一些企业虽然有意愿利用“互联网 +”对原有的商业模式进行革新，但由于惰性和惯性，不愿主动做出改变，不想承担革新原有商业模式的成本，不愿放弃固有的企业经营方式和既得利益。

在颠覆的时代，过去的一切积累都可以在瞬间化为灰烬。只有改变自己才能拥抱未来：一是颠覆对手或颠覆自己；二是一旦发现被颠覆的苗头，快速跟进。

每个优秀的企业，其根本的工作是创新和营销，这两点的成功都来源于对市场信息的高度把握和面对市场变化的快速反应。

所以，“互联网 +”到来之前，很多模式其实我们以前都有尝试，但不够狠，没能舍弃一些东西，没能做到与互联网技术的真正对接。现在看来，要想成功，必先“自宫”。

## 育人匠心，才会锻造“职业化的教练”

目前，中国企业普遍受到两个问题的困扰：一是企业缺乏一批具备职业精神、高素质的中高层管理人才和技能娴熟且忠诚的普通员工；二是企业面临不断的人才流失。从表面上看，这是由于企业在过去的发展过程中缺乏对人才培养的重视，缺乏对人才有吸引力的职业发展规划。但换个角度看，也可以认为在传统管理方式下，被动接受指令、管理者高高在上、个体自主意识不能够体现，在企业发展过程中员工得不到足够的成就感，因此难以形成员工对企业的忠诚度。

所以，中国企业正在面临着一场管理方式的深刻变革，“教练式管理”作为一种新型管理方式，正在逐步替代以控制、指令为特征的“集权式领导”，并被相当数量的企业采用。它具体表现为上下级间的控制关系弱化，上级对下级更强调双向互动，而不是单向命令的管理方式，并且更频繁地使用激励、启发和诱导的手段，以教练的方向激发下级管理者的主动性和创造性。

此外，企业在面临规模扩张或转型压力时，企业家最容易迷失。

通用电气前 CEO 杰克・韦尔奇曾称“伟大的 CEO 就是伟大的教练”。谷歌前中国区总裁李开复也是一个“教练式”的管理者。他认为：“做管理工作最重要的是要有服务意识。好的管理不在于驾驭别人，而在于有足够的智慧。”

教练式管理的一个最基本信念就是“彼此尊重”。教练管理首先是厘清目标，帮助员工找到正确的目标。其次是要反映真相，让员工知道他目前的状态和位置，包括他们的想法、行为、情绪等，帮助他们洞悉现状与目标的偏差和距离，区分假象和真相。再次是调整心态，鼓励员工选择更有利于达成目标的心态，并将之贯彻到行动上。最后是按计划行动，没有计划和行动，目标永远不会变成现实。

企业在提高管理水平的过程中，引入高素质的企业管理教练是一个重要的抓手，此外还要通过外部教练来培养企业内部教练。

教练式管理就像“镜子原理”，镜子不会教人怎么穿衣服，但它会“告诉”你穿得怎么样，从而让你自己去做调整，找到解决问题的方法并自觉行动。

在管理实践中，教练型管理者一是要让员工认识到“照镜子”的意义；二是自己要成为一面“好镜子”；三是只做“镜子”，不超出“镜子”的职责；四是要帮助员工制订行动计划，采取行动；五是鼓励员工端正“照镜子”的态度。

中国企业正面临着从低端制造到高端制造的转型升级，以及从提供单一产品到提供复合服务的转型。在这一过程中，传统的管理将得到挑战，而开放和包容的文化会得到越来越多的认同，教练式管理会在这一时期被更多的企业采用。

20世纪70年代初，一个刚被“解放”的领导，被任命为上海市第一条黄浦江隧道工程总指挥。那时，工程设备简陋，自动化程度低，施工条件十分艰苦，又恰逢梅雨季节，雨下个不停，工程不断塌方，工人们怨声载道，看起来似乎无法按期完工。

上任第一天，那个领导穿上老人衫和大短裤，并穿上雨靴，从工地的这头走到那头，又从那头走到这头，一去一来不断往返。当了解清楚情况后，他对工人说了这样一段话：“雨还会下，塌方还会继续，工期不可能改变。那么我们有两种干法：一种是像现在这样，怨气十足地干；另一种是不再抱怨，大家开开心心地干。”

大家一下子都愣住了，在沉默了一阵子后，大家又都乐了起来：“我们选择开开心心地干。”从此，他几乎每天和大家一起进隧道，在他的带领下，工人们干劲十足，结果是施工速度加快，工程提前竣工。

他选择在隧道里行走，看似平淡无奇，却于朴素中透出智慧。没有高调，没有口号，只有和大家一起干的行动。

管理是一门科学，管理更是一门艺术。有时，管理就那么简单。看似不可能的事，在他的带领下，事情完成了，并且是在大家都快乐的情况下完成的。

教练的工作性质，就是解决“某种问题”。没有问题需要解决，教练就失业了，如果看不到需要解决的问题，教练就不合格；如果看到了问题但不能解决，就要卷铺盖走人，不管是客观上无法解决，还是主观上不能解决。也就是说，“某种问题”是起点，“解决问题”是终点。

一个领导者往往具有以下这些特性，这些特性会让领导者更出色。当然，任何一个领导者都难以具备所有的特性！

**1. 有紧迫感**

雄心勃勃，斩钉截铁，尽心尽力，喜欢竞争，认真负责，果断，严于律己，充满活力，中心明确，以目标为导向，勤勉，积极主动，孜孜不倦，顽强。

**2. 有胆量**

积极活跃，富有冒险精神，勇敢，自信，胆大，主动进攻，敏感。

**3. 吸引人**

迷人，感同身受，善于聆听，谦逊，热情，举止文雅，易受感动，喜爱交际，关心他人。

**4. 身心健康**

开朗，热情洋溢，快乐，充满希望，幽默，乐观，积极。

**5. 英明**

警惕，理性，好奇，富有远见，聪明，机智，有创造力，理解能力强，有洞察力，稳重。

**6. 有条不紊**

适应性强，灵活，处变不惊，深思熟虑，懂得节制，有耐心，注重实效，负责，通情达理，值得信任。

**7. 原则性强**

始终如一，坚定不移，可靠，坦率，公正，坚决，忠贞不渝，尊重他人。

**8. 具有领袖气质**

可信，能言善辩，振奋人心，给人以动力，引人注目。

## 细微匠心，方能谈得上职业化

有一天，我在球场请球童给自己拍了一张照片，结果球童用仰拍的角度，给我拍了一张脸看不清，而整个人“高大上”的照片。这张照片，似乎说明一个道理，别人仰望你，你的脸别人是看不清的，而你也看不见别人。换句话说，人站得越高，看起来越高大。

然而，高与低是相对的。在一定的范围内，站得高，看上去就高大些；可有时候，却是人站得越高越渺小。因为，人站得高，离别人远了，看到的人会变小或模糊；可换个角度，别人看到的他也会变小或模糊。

许多人可能没有意识到这一点。有人职位提升了、工作有了成绩、事业有点小成就了，却在突如其来的荣誉和掌声中迷失，自我感觉良好，从而骄傲、自满，甚至不可一世、不思进取、刚愎自用。

但一个人真正的高明之处在于，他能认识到自己的渺小，而不是自以为是、目空一切。俗话说，人外有人，山外有山。在更广的范围里，比自己更强大、更优秀的人大有人在。可惜，能清醒地认识到这一点的人并不多。

因此，身处某个高度，一定要时刻记住，人站得越高越渺小，也就是“高处不胜寒”。谦虚一些、低调一些、谨慎一些，人才能成长与进步，才能取得成就。

一个人的执行能力是工作能力最集中、最重要的体现。要出色地执行一项工作，就要有领悟上级精神的能力，有调查研究的能力，有结合实际的能力，有制订执行计划的能力，有执行并不断校正的能力，有完善总结的能力等。

一个计划的成败不仅取决于设计，更在于执行。如果执行得不好，那么再好的设计也只能是纸上蓝图。唯有执行得好，才能完美地体现设计的精妙，而执行过程中最重要的就在于细节。

要提升执行力，就要有强烈的创新意识。执行力决不应该是简单的“保质保量完成”，而应该是“创造性地完成”。执行中的创造性就是在执行任务的过程中进行方式创新、技术创新、管理创新、措施创新，以完美的执行力，安全、高效、优质地完成任务。

不要无视实干者，他们的话语总是践行在他们的执行中；不要佩服清谈者，他们高明的见解不能解决任何实际问题；不要同情牢骚者，他们会在自我欲望永不满足的情结中传染涣散的病毒。

如果上上下下都能事事讲执行，层层抓落实，那些不负责任、脱离实际等官僚主义和形式主义的恶习就难以存在下去。

坚决消除会上激动、会后不动，层层发文喊空口号的坐而论道现象，必须一件一件、一项一项地真抓实干，持之以恒。

坚决杜绝议而不决，决而不行，行而不果。没有执行，一切都是空谈。

执行的过程，也就是不断发现问题进而解决问题的过程。要想解决从未遇到过的问题，需要找出应对问题的方法。

抓执行不能随心所欲，眉毛胡子一把抓，必须采取具体措施，有计划，有步骤，有衡量标准，有量化指标。

抓执行必须将全年的工作指标分解，将其细化到每一季、每一月、每一日，并督促执行。否则，再好的计划、目标也只是一纸空文，一句空话。

一个企业，不论是一项事关全局的工作，还是一件很具体的事情，要想做成，要想干好，关键在执行。

越是困难多、任务重，越能锻炼一个人的意志，培养一个人的能力。解决一个复杂问题，其价值意义及对自身的提高，是难以想象的。

从大处着眼，从小处着手，定人员、定任务、定时间、定要求，让人人肩上有担子，项项工作有着落，本着“往深里做、往细里做、往实里做”的工作原则，一环套一环地去执行，逐个解决问题，做到化整为零，个个突破。

身为领导，就要率先垂范，以身作则，带头执行，要求别人做的，自己先做，做成样板；要求别人不做的，自己先不做，倡导正气。

有效地利用资源，组合团队，保证企业的执行力，是管理者需要长期面对的一项艰巨的任务。在激烈的市场竞争中，企业能够生存下来已经很不容易，想发展壮大更是难上加难。要实现这样的目标，没有强大的执行力是做不到的。团队的执行力怎么建立起来？如何为个性和能力特点不同的员工安排针对性的行动计划？这都是管理者要思考和解决的难点。它关乎经营的成败，也决定了企业的未来。

80%的管理不是因为糟糕的战略而失败，而是因为糟糕的执行而失败。简单地说：如果得不到切实有效的执行，企业的战略再好也只是空中楼阁。

### 职业化的执行力，体现最好的匠心

执行力某种程度上等于忠诚度。没有忠诚，就没有执行。忠诚度的表现是“主动工作”。忠诚度是保证执行力的关键。执行力强，团队的忠诚指数就高；执行力弱，团队的忠诚指数就低。

执行力最直接的体现，就是“能不能以积极的态度保质保量地完成公司交办的任务”。

执行力差异的背后，体现的是员工职业态度的差距，主要表现为：负面地看待企业；得过且过，没有进取心；不维护企业的利益。

企业的执行力强不强，执行的文化是否作秀，不能只看员工怎么说，关键看有没有高效的行动。高效的行动就要深入到现场中去。

忠诚不等于听话，听话的员工对企业的贡献恰恰比较小。因为他们只求无过，不求有功。

一个企业最强大的地方，不是它有多少资金，而是它团队协作能力有多强。不管是一个公司，一个部门还是一个小组，团队都是一个“小队”，管理者是这个小队的队长。对队长来说，他需要有团队的组织能力，增强下属之间的合作；对队员而言，他们要具备在不同位置上各尽所能的能力和责任心。两者结合在一起时，人们互补互助，共同合作，整个团队的执行力就达到了最大化。

# 第三章

# 匠心之韵，让每件事都产生价值

所谓“工匠精神”，其核心是：不仅把工作当作赚钱的工具，而是树立一种对工作执着、追求极致的态度，对所做的事情和生产的产品精益求精、精雕细琢的精神。匠心管理，一是要求长于思考，二是用思想指导行动，要找对方法，把事情做对、做好、做到位，要关注工作的实际成效，并不断精进完善。一句话，匠心管理，就是要用匠心做好每一件事。

## 修炼匠心，先思考在别人的前面

所有管理的背后，是养成良好的习惯，而良好习惯养成的背后，是每个管理者和被管理者惊人的意志力。

创新不是随意为之，创新要在不降低现行标准要求的前提下进行，管理创新也是这样。

什么是好企业？活得好的企业才是好企业，知道怕的企业家才是真正的企业家。

成就一个企业需要很多人，毁掉一个企业，一人足够。

办企业，你应该想办法跑得比别人快，而不是老琢磨怎么让别人慢下来。

生意是什么？不是赢利，而是赢人。

船存在的意义在于海，而海存在的意义却不在于船。“企业”与“市场”双方存在的意义也和“船”与“海”一样。

通常人们让你提出批评指正时，其实等待的是表扬。

世界上最可怕的两个词，一个是执着，一个是认真。认真的人改变自己，执着的人改变命运。

一件事情值不值得，没有普世的标准。别人眼里，我们“傻”，我们付出，我们不值得，我们不被感激，但愿意即值得，特别是企业对信用和道德的坚守。

人最容易出问题的是，心不在焉，好高骛远；最让人后悔的是，明白了却没去做，身边常有的却没发现；最容易失误的是，自认为都懂得，却只看了表面。

用正确的方法做不正确的事和用不正确的方法做正确的事，结果是一样的，前者情况更糟。

不愿意听别人建议的人听力最差。

不要害怕别人的反对。记住，风筝是逆着风飞到天上的。

隆隆的雷声很吓人，但真正的灾害都是闪电造成的。

成功的创新者都习惯于大量提问。不急于采取行动，通过提问发现新的增长机会、找到破坏性威胁等，提问有助于让整个创新过程具体化。

为了做思考在别人面前的管理者，管理者每天要进行以下思考：

（1）经常自我反省、审视一下，在管辖范围内的人、时、地、物有没有浪费资源，或无效运用的情况。

（2）不要在下属面前抱怨工作，数落上级及公司的不对。

（3）接受上级交代的任务时，在没有尝试执行前，绝不说不可能、办不到。

（4）每天找出一件需要突破、创新的事物，动脑筋想一想，有无改善创新的方法。

（5）当工作未能顺利完成时，对上级要能一肩承担所有责任，不在上级面前数落下属的不是。

（6）做任何事情之前，先花些时间思考一下目标与方向是否一致。

管理者要知道，管理就是用合适的方法管人管事。

管理的最高境界，就是自己管自己。

民主管理是效率最低的管理。

管理“三情”：（1）领导有情；（2）管理无情；（3）制度绝情。

为人不能像打台球，对自己有利时一分也不放过，对自己不利时也不给别人机会。

只有制度没有文化：要么执行有力，要么执行崩盘；只有文化没有制度：要么自然推动，要么软弱无力；只有文化和制度是相融匹配的，才能将执行力度发挥到极致。

企业有三种不可缺少的关键活动要常抓：创造性的活动，标准化的活动，把创造性转化为标准化的活动。

作为管理者，你一定要做好三件事：第一，决策，做不做；第二，用人，谁去做；第三，责任，他一旦做错，你承担责任，无论什么原因。

一流管理者，自己不干，下属快乐地干；二流管理者，自己不干，下属拼命地干；三流管理者，自己不干，下属主动地干；四流管理者，自己干，下属跟着干；五流管理者，自己干，下属没事干。

### 今时不同往日的管理思考

1. 中小企业生存的根本在于小而精。所谓“精”，一是精巧，二是精干。在市场动作上要精巧，在内部管理上要精干。
2. 在国际市场上，中国的竞争对手是新兴国家；而在中国市场上，中国的竞争对手则是发达国家。中国企业只有在国内高端市场超越跨国公司，才有能力去占领国际市场。目前去占领国际市场的是“在中国制造的产品”，而不是中国企业。
3. 一个企业或是一个人出发的原点，应该是我们能够替社会做什么，而不是先向社会索取什么。
4. 我们常说时代在变化，企业发展的思路要跟得上时代的步伐，今时不同往日，变化中的市场，同等的发展机遇已经可遇不可求。
5. 如果你想拥有你从未有过的东西，那么你必须去做你从未做过的事情。
6. 未来我们需要创造什么？创造新的市场机会；创造具有中国元素的、有别于别人的东西；研发与上述要求相对应的、具有竞争优势的产品；创立让上述一切成为可能的经营思想。

## 锻造匠心，时时刻刻注重微思考

在管理工作中，不是事情有瓶颈，很多时候是我们的思想有瓶颈。

市场在哪里？市场在生产现场。

市场服务就是一面镜子，你对客户笑，客户也回馈给你笑容。

实践再一次证明，企业可持续发展的核心是激发人：激发人的主人翁意识，激发人内在成长的驱动力，激发人担当责任从而获得成就。激发人是企业可持续发展的本源。

对客户而言，服务质量只有好坏之分，不存在较好或较差的比较等级。好就是全部，不好就是零。

通常情况下，一个人心里想的是100%，说出来的只有80%，别人听到的是60%，听懂的只有40%，结果执行了20%。

哈佛一项研究发现：快乐就是生产力。员工的工作效率除了与自身技能有关外，很大程度上受到心情的影响，在管理上要遵循一个定律——心情第一，事情第二！即先处理好员工的心情，后处理好事情，比如早上批评员工让员工沮丧，一天的工作效率都不高，如果出错就造成更大的浪费。

成功，不外乎两点，一是做事成功，二是做人成功。做人不成功，成功是暂时的；做人成功，不成功也是暂时的。要做事，先做人。丘吉尔曾说过，成功根本没有秘诀，如果有的话，就只有两个：一是坚持到底，永不放弃；二是当你想放弃的时候，请回过头来再照着第一个秘诀去做。

使用自己叫能力，与人合作叫智慧。

败给谁都不能败给自己，如果败给了自己，那么，你的人生也就彻底失败了。

你要相信，一个真正成功的人一定是学会了独处的人，首先要保持内心的平静才能够冷静的思考，你总是说身边的一切太浮躁，那么你就试着远离那些不好的人或者事。

慢慢才知道，和不同的人说不同的话，表现出不一样的态度，是一种非常可贵的能力，而不是虚伪。

应该记住，我们的工作，需要的是动手和动腿，而不是动嘴。

人生，有的是错失了播种，有的是坐等收获，不论是哪样，你的人生都不会果实累累。

当人停止了学习和反省，就停止了人生前行的脚步。

时间是一个伟大的作者，它会给每个人写出完美的结局。我们要做的就是“走在时间中，活在珍惜里”。

一个人无论在社会中、在企业里，还是在团队中，都不能抱着事不关己、高高挂起的心态，要懂得担当。维护别人、维护团队，就是维护自己。成就他人，才能成就自己。

很多事，不能光想，一定要做，只要做就慢慢会了。不动手、不行动，想得再多也没用。

没有任何道路可以通向坚持，坚持本身就是道路。

### 管理的“颠覆”

1. 在以成败论英雄的职场，失败就是失败，无论你跌倒多少次。换句话说，一个人无论有多大的聪明才智，也无论多么努力进取，总会有一个胜任不了的工作。
2. 不是每一粒种子都适合所有的土壤。
3. 相反的事物常常是相伴相生的，因彼此的衬托而存在，这就叫痛点管理。

4. 绩效考核的眼睛不能只盯住结果，很少关注行为；只盯住过去，很少关注未来。
5. 言教不如身教，身教就是心教。
6. 人才是知识资本时代的主要生产力。
7. 如果说企业存在的理由只有一个，那么这个理由绝非创造利润，而是满足顾客。
8. 每一位员工既是精细化管理的对象、载体和参与者，同时也是精细化管理的主体和实施者。
9. 在这个新模式无限翻新创造的时代，每一个企业管理者心中都应该有三套动态的组织架构图：过去组织架构图、现在组织架构图和未来组织架构图。
10. 为什么伟大企业会失败？擅长持续创新的在位企业却被破坏性创新颠覆，这就是创新者的窘境。

## 验证匠心，关注工作的实际成效

资金、科技、产品、品牌，都不是企业生命力的核心要素。那么，经营企业究竟靠什么？决定公司生死存亡的是“活力”。生意靠活力，生活靠活力，生命更离不开活力。

研究显示，成员在一起吃饭，能提升团队的表现。一起吃饭是让团队有效运作的关键。一起吃饭的团队成员之间协同合作的协调程度大约是没有一起吃饭的两倍。

企业最重要的资源是什么？是漂亮的厂房、先进的生产线、遍布城乡的销售渠道？厂房、生产线、销售渠道是固态资源，其自身并不能创造价值，只有当人们很好地利用这些资源时才能创造价值。所以说，员工才是企业最重要、最核心的资源。

一个企业，不管它是属于哪种类型，影响员工行为的都有三种力量——制度、管理和文化。这三种力量从不同的侧面影响着组织的个体行为及其结果，它们互相配合、缺一不可。三种力量中，制度和管理是有形力量，文化是无形力量；制度是基础、是硬件，文化是动力、是软件，管理是桥梁，制度和文化透过管理（人）发挥作用。

企业发展的关键是人才问题。什么是人才问题呢？是管理人才的问题。人才可以引进，但引进来的人才你无法真正地拥有。所以，你必须培养适合或认同企业价值观或企业文化的人才，这样的人才才能接地气。

管理的目的是工作的成效，但工作是由人做的，所以，管理者不能不和人打交道。管理的本质，其实就是激发和释放每一个人的善意。同情别人，愿意为别人服务，这是一种善意；愿意帮别人改善生存环境、工作环境，也是一种善意。管理者要做的就是激发和释放人本身固有的潜能，创造价值，为他人谋福祉。

企业的目的就是创造客户，或者更明确地说，创造客户需要的价值。

领导者本身的定义是有人跟随，有人跟随你，你就是领导。最重要的是，你把人领导到什么方向上。所以，作为领导人，只能领导，不能误导。

管理者必须保持清醒的头脑，不断反省自己，检讨自己，才能达到文明人追求真理的境界。要达到这个境界，我们需要学习提高，需要穷根究底，需要良好的价值观、信念和承诺。

在管理工作中，有时候有需要改进的地方，你不说，就不会有改变。很多问题得不到解决的原因之一，是因为领导不知道有这样的问题存在，领导听不到抱怨，于是问题也就不再成为问题了。

在工作中，有些事情你不做有的是人做，有些事情你不做没有人做。做了也不见得有效果，不见得被人称道。但是你做和不做，就不一样。

没有培训过的员工是负债，培训过的员工是资产。

竞争，实质上是经营者和全体员工学习能力、学习速度的竞争能力。

不能创造新的需求充其量叫改变，而不是真正的创新行为。

没有传统的企业，只有传统的人；没有跟不上时代的企业，只有跟不上时代的人。

你可以卓越，但你需要先优秀起来，做一个自己对自己比较满意的努力者。

一个训练有素的职场精英，总是会考虑这三件事：我知道该做什么，我知道该怎么做，我有时间去做而且要做成。然而对于初入职场的新人来说，这三个步骤正好是相反的，即我有时间去做的事情，我才知道该怎么做，然后我才能知道这件事情该不该做。

## 贯通匠心，不断复盘的精进

人学习有三种途径，一种是从书上学习前人的知识，一种是向身边的人学习他们先进的地方，一种是从自己过去的经验和教训中学习。其中最重要的学习途径是向自己学习，尤其是对于成大事者，你的所作所为，越是开天辟地的创新突破，越无人可以学习，只能向自己学习。

联想有一种称为复盘的学习方式：做一件事情，不管失败或成功，都重新演练一遍。大到战略，小到具体问题，原来目标是什么，当时怎么做，边界条件是什么，回过头做完了看，做得正确不正确，边界条件是否有变化，要重新演练一遍，我觉得这是提高自己非常重要的一种方式。

向自己学的关键，就是复盘。一个不会复盘的人，就无法从自己的经历中学习提高，也就不能提高自己的能力，提升自己的思考，更无法面对以后的挑战。

复盘不同于总结，总结是对事件过程进行梳理，它是对已经发生的行为和结果进行描述、分析和归纳。而复盘，是在头脑中对做过的事情重新过一遍，这个“过一遍”，就是从头到尾的审视。复盘除了总结所有包含的动作外，它还对未发生的行为进行虚拟探究，探索其他行为的可能性和可行性，以找到新的方法和出路。可以说，总结是静止跳跃的，复盘是动态连续的。探究中的一个重要动作，是推演，这是复盘与总结最显著的区别。正是因为推演这个动作，使得我们可以对各种可能性及其不同后果进行审视和设计，看看为什么会成功，为什么会失败，成功的地方是否有更成功的措施，失败的地方是否可以找到不同的路径。

总结是平面的行为，复盘是立体的行为。

记得有人说过这样的一句话："人生的每一天都是现场直播，都是无法重复导演的人生影像记录。"确实，电影如果导演认为拍得不够理想，可以抹掉，多次复拍，直到满意为止，可人每天经历过的、面对过的、处理过的事情是无法重来的。

复盘是围棋中的一种学习方法，指的是在下完一盘棋之后，要重新摆棋，看看哪里下得好，哪里下得不好。下得好的要继承，下得不好的，要在重新摆的过程中探究怎样落子才更好。复盘，是棋手们提高棋力的最重要的方法。管理实施过程亦可以把他当作一个棋局，只是不可重新来过。

其实在工作中，经常采用复盘管理有助于提高和提升我们的工作质量和工作水平。

复盘的四个步骤：目标—结果、情景再现、得失分析、规律总结。

复盘是为了把失败转化为财富，把成功转化为能力。复盘是为了知其然并知其所以然，为了不再犯同样的错误，为了传承经验和提升能力，为了总结规律和固化流程。

复盘不是自己骗自己，证明自己对；不是流于形式，走过场；不是追究责任，开批判会；不是强调客观，推卸责任；不是简单下结论，刻舟求剑。

复盘重在实事求是，求真；重在内容和找原因，求实；重在改进和提高，求学；重在反思和自我剖析，求解；重在找到本质和规律，求道。

复盘可以帮助我们避免犯同样的错误，固化流程、校验方向，认清问题背后的问题，发现和产生新的想法与知识。除了提升能力之外，它还对提升个人品性和组织性格有巨大作用。

三思而后行，一个习惯复盘的个人和企业，品性会更加低调和踏实，避免浮躁和冒进带来的危害。

复盘，可以让我们看到，在事情发生的过程中，究竟有多少是外在不可控的因素，有多少是主动的可以控制的因素，哪些是运气使然，哪些是实力原因，从而让我们更好地认识自己和环境，既不骄傲自大，也不妄自菲薄，更不找借口。

可惜，对于一般管理行为和个人提升，我们很少想过要去复盘。所以，我们经常懊恼，后悔当初不该如何？其实在这个时候，我们需要的是面对已经发生一切，通过可行的方式“复盘”，给自己将来面临同样棋局时一个不需“悔棋”的机会。

**思索，就是跟自己争论**

不会有人厉害到不需要别人帮助，也不会有人软弱到无法帮助别人。

读书只是给你一个机会，让你有可能活在一个更大一点的世界里。

成功人的共同点是：比同辈人更努力地把握练习机会，选择跟自己文化传统匹配的探索领域。

人人都想干事业，却不知道“事业”是由“事儿”发展起来的。

越是被人嘲笑的梦想，越有实现的价值。

假如不能耐心地等候胜利的到来，那么只能等来毕生的失败。

有时候，坚持了你最不想干的事情之后，便可得到你最想要的东西。

害怕还敢去尝试，这才叫勇气。

## 匠心之城，现场，现场，还是现场

你是否考虑过，如果有一天，公司规模扩大、员工人数增加、销售额上升、利润下滑，我们怎么办？

从目前情况看，我认为很多公司从上到下，还没有真正认识到他们面对的未来危机和压力，那么当危机和压力来临的时刻，可能是措手不及的。企业怕的不是市场的好与坏，而是未来能不能存在。很多企业现在的危机和压力来自于规模增大、市场不强、人才短缺、创新不力、管理机械……

要改变这种现状，我个人认为，企业未来的管理要点就是要围绕人均效益问题来开展。不抓人均效益增长，管理就不会进步。因此一个企业最重要、最核心的就是追求长远地、持续地实现人均效益增长。当然，这不仅是指当前财务指标的人均贡献率，也包含了人均潜力的增长。企业不是要大，也不是要短时间的强，而是要有持续活下去的能力与适应力。

其实每个企业在管理工作上存在很多问题，需要改进的地方太多，我们只有不断改进才有希望。

所以，企业要居安思危，要广泛开展对危机的讨论，讨论我们究竟有什么危机，你的部门有什么危机，你的科室有什么危机，你的流程有什么危机，还能改进吗？还能提高人均效益吗？如果讨论清楚了，那我们可能就会避免危机。我们每年都写一些管理要点，这些要点能不能对你的工作有改进，如果改进一点，企业管理就前进了。

怎样才能提高人均效益？大家想一想，如果每一年的人均产量增加15%，你可能仅仅保持住工资不变或者略微下降。有可能卖得越来越多，利润却越来越少，如果每年不多干一点，我们可能保不住今天，更别说涨工资。当然，也不能靠没完没了地加班，所以一定要改进我们的管理方式。在管理方式的改进中，一定要强调改进我们的短板。各部门、各科室、各流程主要领导都要找薄弱环节、抓薄弱环节。要坚持均衡发展，不断地强化以流程型和时效型为主导的管理体系建设，在符合公司整体核心竞争力提升的条件下，不断优化你的工作，提高贡献率。为什么要解决短板呢？每个公司从上到下都重视创新、营销，有些事虽然重视了，但还有很多工作我们没有重视、没有做好，这些不被重视的工作就是我们的短板。前面干得再好，后面发不出货，还是等于没干。比如，货发了，发错了；货交了，交迟了；创新了，卖不出；盘库了，库不清；人招了，没人管；出勤了，力没出；考核了，不到位；有布置，无检查；执行力，不给力；管市场，不见人；销售员，无资源；应收款，无计划；抓现场，脏乱差；用设备，没人护等。这些短板都会给我们带来巨大的成本。所以，我们要减少木桶的短板，强调公司整体核心竞争力的提升。

同时，我们还要避免事事请示上级。事事请示上级是错的，已经有规定，或者成为惯例的东西，不必请示，应快速让它通过。执行流程的人，是对事情负责，这就是对事负责制。事事请示，就是对人负责制，它是收敛的。我们要减少不必要确认的东西，要减少在管理中不必要、不重要的环节，否则公司怎么能高效运行呢？管理者要思考的是怎样做才能减少管理又能节约成本。

企业要减少工作协调与各种会议，即使对于那些必须开的、开完要立即执行的会议，也要减少参加这些会议的人员数量。同时要禁止各种培训和学习的会议在上班时间召开，其他活动如体检、沟通、联欢之类，更不得在上班时间举行，要确保工作时间与质量得到贯彻落实。要确保，所有“人”“部门”“活动”“资源”都在支持市场与销售。

管理其实有模式，但无定式。管理的“学问”从来就不是“高深”的，而是“明摆”在日常生活当中，就看你有没有“想”到和“看”到了。比如生活中收拾好的垃圾袋往往出门时会忘记带下楼，如果收拾好后放在门口，出门就能看到。所以说，有时候让管理“看得见”，可以使管理工作更加简单化。

“看得见”的管理，即“一目了然的管理”，也是“用眼睛来管理的方法”。企业建立“看得见”的管理，实际上是一种问题容易被发现的工具，如将6S管理导入企业管理中，就能很好地使管理看得见。

6S管理，它起源于日本，就是保证企业生产和服务的良好秩序，特别是现场秩序六个方面的工作要素：整理、整顿、清扫、清洁、素养、安全。企业管理这六个方面做不好，其他事情就更难做得好。尤其是前三个要素更为重要，即整理（将有用的东西整理得秩序井然，方便随时随地取用）、整顿（将没有用或不用的东西清理出现场，不使之成为工作的障碍或阻碍）、清扫（保持良好的环境卫生，既有利于人的健康，也有利于生产条件的改善和产品质量的提高）。

此外，6S管理通过规范现场、实物，营造一目了然的现场环境，培养员工良好的习惯，其最终目的是提升人的品质，革除员工的马虎之心，养成凡事认真对待的习惯（认认真真地对待工作中每一件“小事”，每一个“细节”），养成遵守规定的习惯，养成自觉维护现场环境的习惯，养成文明礼貌的习惯。

“看得见”的管理重在现场“看得见”。所谓现场，是指生产产品或提供产品服务的场所，现场是企业获得效益和效率的底盘。所以，企业要对经营目标、创新计划、产品质量、技术改造、交货期、产品价格、成本控制、毛利率、设备维护、工艺改进、人才培养等设定明确的目标值、管理控制值、时间进度、责任人、考核人，并进行扎实的现场管理。

现场管理的法宝就是让一切管理环节都能够“看得见”。通过看板、标识、表格、图形甚至影像等工具实现，如：规章制度与工作绩效的公开化，目标任务和进展进度的图表化，现场物料和作业区域的定制化等，让生产现场和服务现场耐看、可看、值得看、客户想看、同行敬佩的看、员工热爱的看。

“看得见”的管理，要求管理者既要做到你在管理或领导别人，又要做到别人并不认为你在干预他。让别人做你想让他做的事，做“看得见”的事。

## 匠心之手，找对方法做对事

在保证品质和效率的前提下，将这两点以最短的距离连接起来，这就是最佳的工作方式。

也就是说，管理要求我们找对方法做对事——

现代社会的快节奏、碎片化和功利性等特点，使得现代人很容易陷入“两个无能”之中，一是“选择无能”，二是“执行无能”。

所以，立即行动应该是我们最重要的一条行动法则。

我们很多人缺少“往前一步”的自觉，也就是把“未完成”的做事习惯往前一步，变成“已完成”的做事习惯。“先做好准备再上场”观念的一个致命问题是：我们永远都无法做好“万全”的准备。由于我们一直在“做准备”，所以我们一直都没有“完成”过什么东西。

在现在的企业团队里，工作范围的界定，其实只是每个人该做的最小范围。对工作有着雄心和热情的员工，决不会将自己限定在固有的工作范围之内，他们知道要想在工作上有一番成就，就必须不断寻找学习的机会，扩大自己对公司的贡献。

在企业管理中，守旧和创新两种观念、两种势力的碰撞与冲突非常激烈。但是，管理创新始终是必要的，管理创新是一个永恒的话题，即使充满着艰辛，企业的管理者也需要去面对。

在管理中，一个行为上的规范和制度，远比思想上的一千遍说教、一万次警告更有用、更有效。

无论规模大小，也无论身处何种行业，只要领导者善于学习，他们的组织就比不善于学习的领导者带领的组织更能实现经营目标。高管团队的学习绩效越高，公司的发展越好。

很多管理者不是不知道要做什么，而是知道，却仍然没有做。所以，很多管理不到位都源于此。

无论哪一件事情，哪一个行业，只要从头到尾一直做，自然会形成一种动人之处、一种热情和一种坚持，这就是实践。

如果有些员工是你驾驭不了的，一个方法是让他走人。很多老板都这么干，因为这很容易。但如果他在工作中强有力地证明着自己的价值，你就需要理智面对。让理智来帮你做决定，而不是情绪。让理智来帮你决定如何对待那些特别的员工，保证企业的生产力。

记住，管人不是为了整人，而是让企业和自己的团队获得更大的利益，得到整体的成长。有的老板在常识中总觉得“整人”和“管人”这两者是可以画等号的。他们对管理有误读，对管人也是误解，所以就完全走错了方向。

管理者要稍微谦虚一点，因为你不知道未来会发生什么。你不能假定自己已经知道答案，最好听完下属的分析，再视需要说出自己的想法——如果你认为自己比下属高明，那你就大错特错了。

市场充满“不确定性”，管理也是如此。没有谁可以 100% 地预见并把握未来，因此，不要对一件事情许下绝对的承诺，也不要盲目乐观。你要考虑到一切可能发生的结果，包括最糟糕的。在管理中，你要准备好一切必要资源，以预防紧急情况的发生，这对未来的管理越来越重要。

我们必须学会控制管理风险，而不是率领部门急功近利，轻敌冒进。凡是能从危机中活下来的团队，它的管理者均是没有丧失理智的人。有时候，传统的风险控制模型并不能赐予我们理智——它只是计算了一些概率罢了。因此，请记住，谨慎思考，独立判断，然后，在陌生区域放慢自己的脚步。

管理者要学会用利益捆绑和震慑企业内部的消极分子，让全体员工、所有部门都捆绑在一起，防止他们出于自身利益的考虑，消极地执行某些企业决策。通过“捆绑”的业绩模式，让所有人都坐到同一条船上，提高团队的执行效率。

管理者要为所有的事项做好计划。你要一次又一次地考虑那些还不清楚的事情，然后提前制订计划。在计划中，你要把每一名下属都纳入其中，分配好他们的任务，定位他们的职责。用计划去管人，可以让你事半功倍。

来自第一线的真实信息对管理至关重要。你需要乐于倾听下属、客户、供应商等一切比你更接近市场的人告诉你“正在发生什么”。不要只听好消息，要尽量听取那些逆耳之言，看看有哪些事情正在变得严重。即便真相残酷，也要保证自己第一时间知道。不客气地说，那些把脑袋埋在沙子里的管理者不仅管不好企业，还会被有上进心的员工集体抛弃。

## 极致匠心，就是一次把事情做到位

我们没有时间将事情一次性做好，却总有时间将事情一做再做。在管理中，如果不能坚定地把“好”放在“快”的前面，那些“不好”总会出现，而且越积越多，甚至积重难返。

生活和工作永远是欢迎进步的，既然大家心向往之，就必然会有很多人努力去实现。时间去哪儿了，人们想要它做的，就是它要去的方向。

一个人即使有才能，没有时机，那么他也没有机会展示他的才能。但是如果我们纠结于没有时机，没有良好的心态，那么在时机来时我们也不能紧紧抓住它。

如果你知道自己的热情所在，就能实现自己的梦想。很多事是你自己的选择，不是依靠别人为你选择。

企业里所有的矛盾和最大的成本，可能都是由于相互不信任引起的。不信任并不表明你超出常人的悟性与判断，其实它更像是一种心理疾病，往往不知不觉，却会严重负面化你的思维和习惯！特别是这些人又怠惰于沟通或缺乏沟通能力时，这种不信任便是组织的灾难。

无论公司大小，企业首先要进行的都是有关职业素养的培训，因为没有素养的员工，即便知识再多，技能再好，都有可能成为“害群之马”。

什么是团队？看这两个字就知道，有口才的人对着一群有耳朵的人说话，这就是团队。

企业文化的目的是什么？一句话：“要使企业的每一个人成为自己的主人”，即自主管理。企业文化对于现代企业的重要性不言而喻，它是企业的灵魂和精神支柱，是不可复制的核心竞争能力。

一份合格的岗位说明书应该让在岗员工清晰地知道自己应该“做什么”“怎么做”“做到什么程度算好”“不能踩的红线在哪里”。这样才能让高高在上的职责条款真正落地，不仅好看，更要好用。

一个管理者把自己的事情做好的关键是什么？是能分清什么事情应该自己做，什么事情应该分给别人做，这是分而治之。

一个部门领导管理好自己部门的关键是什么？是弄清楚自己部门的事情能够分成几大类，并且把这些不同类别的事情交给擅长这类事情的下属去处理，这也是分而治之。

一个公司的领导管理好公司的关键是什么？是知道自己的公司如何划分成不同的业务部门、支持部门，并且为这些部门找到或者培养合适的管理者，这还是分而治之。

分而治之的关键：一个在于“分”，一个在于“治”。

管理工作就在于把人分了，分好，管理就好管了。

**管理需要真功夫**

1. 管理需要真功夫：投入才能深入，深入才能深刻，深刻才知深浅。
2. 做好眼前的事，才是最重要的。
3. 不能打理好生活的人，就不能生产出好的产品。
4. 过分的讲究方式，就会忘记目的。
5. 真正的管理应该是能被你真切地看到，应该是在你身边就有能力帮助你实现目标。
6. 没有企业对完美的偏执，怎么会有客户惊喜的尖叫？而在当今，没有赢得尖叫的产品，离死还远吗？

## 匠心管理，就是要做好“管理中的管理”

什么是目标管理？中国古人讲“凡事预则立，不预则废”，说的就是目标管理。曹操的“望梅止渴”就是目标管理的运用。现代意义的目标管理通过划分组织目标与个人目标，将许多关键的管理活动结合起来。目标管理是“管理中的管理”。

目标是共同制定的，并不需要领导者强加给下属。

曾经有人对1 000位企业管理人员就“什么样的公司最为理想”进行调查，结果超过90%的人员回答：“目标明确的公司才是好公司”。

管理者应通过目标对下级进行管理，当组织最高管理者确定了组织目标后，必须对其进行有效分解，转变成各个部门以及每个人的分目标。

一个优秀的目标管理体系要解决以下几个问题：

（1）目标是什么？实现目标的中心问题、项目名称。

（2）达到什么程度？达到的质、量、状态。

（3）谁来完成目标？负责人与参与人。

（4）何时完成目标？期限、预定计划表、日程表。

（5）怎么办？应采用的措施、手段、方法。

（6）如何保证？应给予的资源配备和授权。

（7）是否达到既定目标？对成果的检查、评价。

（8）如何对待完成情况？与奖惩挂钩的安排、进入下一轮目标管理循环。

需要强调的是，企业要进行大量的培训，通过培训，让大家认识到，目标体系是一个系统，全公司要一盘棋考虑。

## 目标管理

目标就是方向，方向不对，努力白费。方向比努力更重要。目标不清，等于没目标。

目标数字+行动目标；

企业管理的能力=目标分解能力；

目标分解能力=做表格的能力。

不同时期的阶段性数字目标的指标和提醒，是促成和控制目标完成的好手段。

目标的“四每”，即每个考核周期：年/季/月目标，每周：周目标，每天：日目标，每件事：事件目标。

目标的“五讲”，即布置工作讲标准，落实工作讲计划，汇报工作讲结果，检查工作讲批示，评估工作讲绩效。

目标管理体现企业管理的真功夫。企业在执行过程中，经常出现达不成目标的情况，主要原因是执行不彻底或不执行。这就需要企业的管理者经常加强执行目标管理的训练，要达到“目标如山、说到就要做到、一切行动听指挥、杜绝个性化、强调统一”。

# 第四章

## 创新的变现，正是匠心的外化

正可谓“器好学，心难修”，“匠”能出“新”，“新”离不开“匠”，如果缺少一颗工匠之心，一些创新就只能停留在理念层面。工艺上的精益求精，细节上的力求完美，都是创新。越是创新，越需要用工匠精神去精雕细刻。企业不创新会死，没有匠心也走不远，那些在功能、质量、可靠性、工艺水平上投入了更多精力与时间的产品，在市场竞争中往往能更胜一筹。

## 创新，是需要变现的

企业如果没有匠心制造，没有创新，只有山寨，那么任何好产品、好产业，都将陷入死循环：火一个，上一批；上一批，毁一行。要知道，所有创新都是在强大的制造能力基础上诞生的。

中国企业不太愿意去创新，更愿意打价格战。一旦有了好产品或好项目，大家一窝蜂地去抢，拼低价，都挣不到钱。

目前，很多行业的经营形势都在恶化。究其原因，很重要的一点就是企业没有注入真正的匠心。

没有核心技术和创新的过剩，产品是经不住市场检验的，也是不能长期在市场站稳的。

在市场竞争日趋激烈的今天，企业要想求得生存与发展，必须保持企业竞争优势，从提升企业的核心竞争力着手，拥有别人所没有的优势资源，这个资源可以是人力、产品、技术、服务、流程和企业文化等。

侥幸获取难长久，企业要想长期稳定发展没有捷径，创新是企业成功的必由之路。

创新前期投入成本大，产出周期长，开始都是摸着石头过河，一不小心就有可能血本无归。创新成功后，也有被跟风和被抄袭的风险，企业可能会白白为他人做“嫁衣”。但无论如何，企业的创新步伐不能停。

创新者之所以令人尊重，就是因为其甘冒风险，并具有避免风险、从风险中寻找机会的超人能力。

创新就是满足客户需要，并超越他们的期望，但是公司首先要拥有允许创新者失败的创新文化。

有效的创新离不开组织知识、信息、经验与教训等资源的共享。这样可能少走弯路，也利于组织资源的节约与创新效率的提高。创新工作需要培养知识型员工，知识型员工是企业最重要的资产和智力资本。

以创新为本，光有意识还不够，还要落实在行动上。

多数企业是围绕销售来运作的，没有销售，就没有现金流；但是不能仅仅满足于当前的现金流，还要为将来创造现金流做准备，一旦现有产品不再有足够的竞争力，能开发出产生新现金流的产品就成为关键。

在市场经济的浪潮下，如果企业缺少创新意识，最终的结果必然是被淹没在浪潮里。要想做市场经济的弄潮儿，就必须走进市场创新、认识客户创新、了解同行创新，最终占领市场最高点。

中国制造习惯了以廉价、低端产品为主的粗放发展模式，如不尽快转变，将难逃被淘汰的命运。未来会有大批首次创业的企业，但更多的是涅槃重生的转型企业。

创新不能总想到高科技，其实“中”科技、“低”科技、“零”科技都是可以创新的。

如果每一个企业都有一项独一无二的技术，这个企业就有了核心竞争力和强大的生命力。所以，每一个企业至少有一项独一无二的产品或技术显得尤为重要。坚持“人无我有、人有我优、人优我特”是企业家需要不断深入思考的问题。

什么是竞争力？很多企业和个人的成功并不是拥有什么专有技术和秘方，而是每天不断重复地努力。

创新是企业家精神的灵魂，企业创新很多情况下是新技术、新知识的大规模商业应用。

产品创新最大的意义在于，通过提供差异点，来获取市场份额。此外，产品创新，除了本身的创新之外，必须依赖于模式创新、管理创新、渠道创新、传播创新等各个方面。所以，产品创新也是一个系统工程。

协同创新是指围绕创新目标多主体、多元素共同协作的创新行为，它是一种取长补短的智慧型创新。协同创新只是一种模式，最终着力点是技术创新，技术创新是协同创新的共同理想和目标。

管理创新永远在路上，只有进行时，没有完成时。

创新是从制造大国走向制造强国转变的必由之路。唯有不断创新，才能有效拓展产品的利润空间，将企业做大做强。

创新是引领企业发展的第一动力。企业家的创新才是企业真正的财富，优秀企业家捕捉市场的能力和眼光超乎常人。组织资源的有效运用才是企业真正的核心竞争能力，这也是企业家的价值所在。

管理创新是企业降本增效、提高发展水平的重要手段。产品是企业提供给市场上用于满足人们需求的有形物品和无形服务。

人才是创新的根基。一切创新活动都是人做出来的。创新驱动实质上是人才驱动。谁拥有一流的创新人才，谁就拥有了科技创新的优势和主动权。

## 创新需要灵感，更需要潜心落地

管理是企业家的本职工作，管理创新是企业家从事经营管理的要义。企业家做好管理工作，一是管创新，二是建制度，三是选人。而最重要的，是企业家要有创新意识。

对于创新，自己做不好的事情请别人来做，找不到人做的事情自己好好做。

管理者要善于发掘创新型人才。所谓创新型人才，就是你交给他一个产品开发工作，他做成了；你再交给他另一个产品开发工作，他又做成了。企业需要创新型的人才。

但凡创新都会失败，失败没关系，从头再来。只有拥有从头再来的心态，才能把创新工作坚持下去。

创新不是发明，发明是一种技术突破，不一定有市场，或许市场在未来，未来的市场不能解决企业当前的发展问题。而创新是新技术、新知识、新应用、新概念、新工艺的组合集成，这些组合集成的技术创新会引发大规模的商业应用。苹果手机的诞生不是发明，而是创新。柯达 1975

年发明了数码相机，但它没有很好地利用该发明，最终数码技术打败了柯达胶卷，2011 年百年柯达轰然倒下。

抄袭、模仿者永远开创不了新时代。创新一定要有颠覆、破坏、超越的理念，这种理念有时候可能是非理性的。创新工作要为新的技术、新的产品留下足够的研发空间。创新要有差异化，有差异化才有生命力，有差异化才有竞争力。

当你小有成就时，你的身后将有无数双眼睛盯着你。

所以没有企业可以保持永久的竞争力，要想具有长久的竞争力，就必须不断地创新，持续地创新，始终走在竞争对手的前面，而这些工作都需要企业家来思考、规划，要不断地求新、求变、求快。

创新工作要做的是不喊口号，不高调，一步一个脚印，脚踏实地地往前走，用细节、专注和专业去影响更多的人，甚至影响我们的客户共同加入到创新工作之中。

## 核心创新要体现出尊严

### 一

由于工作原因我经常乘高铁，而每次经过高铁站安检的时候，看着自己的行李从安检设备里“连滚带爬地”出来，如果不去快速地拿行李，行李肯定会滑落到地面上。滑落到地面上的行李，不仅容易损坏表面，而且还会沾上灰尘。即使行李不落地，你拿行李时，也必须弯下腰才能捡起行李，给人的感觉很不舒服。一个优秀的设计者应该像机场安检操作台一样来设计高铁安检的操作台，把行李输送的工作台面适当提高一点（当然不需要达到机场安检操作台的高度，因为乘坐高铁的乘客大件行李需要随身携带），输送轨道长一点，让每个乘客可以从容地拿起自己的行李，并且确保每件行李不滑落到地面上。

其实，物质世界中的每件物品也是有尊严的，我们应该认真对待它。

## 二

过去丹麦哥本哈根主要街道上的垃圾箱有1.5米高，后来都降低了30厘米，原因是让拾荒者不再灰头土脸。这个建议是哥本哈根政府工作人员克里斯提出的。有一天他没有赶上公交车，只好选择步行去上班。走过熟悉的街道，他看到一个衣衫褴褛的老者，正趴在垃圾箱上翻找着什么。垃圾箱对于老人来说太高了，老人踮起脚，上半身几乎都淹没在垃圾箱里。过了一会儿，老人找出了两个矿泉水瓶，放到了随身的袋子里。他脸上沾满了脏东西，可是他顾不上擦，又奔向另一个垃圾箱。此外，他还看到一个裸着上身的少年。少年和垃圾箱几乎一样高，克里斯很担心少年会掉进去。少年翻了半天，还是一无所获，但是他没有放弃，索性爬进了垃圾箱。几分钟后，少年冒出头来，他的手里多了几个白色的饮料瓶。

第二天，克里斯写了一份关于改造城市垃圾箱的提案。在提案中，他写道："为了帮助生活在我们城市的底层人民，政府已经采取了很多措施，比如发放生活必需品，提供最基本的生活保障金。但是我认为，搞福利不应该仅仅是表面的救助行动，更应该让一些愿意自食其力的人得到应有的尊严。我考察了一下，在哥本哈根几条主要街道上的垃圾箱有1.5米高，我建议把所有垃圾箱的高度都降低30厘米。”

哥本哈根政府小小的举动感动了无数人，有人在社交网站上说，这名倡议者人格高尚，值得每一个人去尊重；还有人说，30厘米也许微不足道，可是从这降低的30厘米里，我们看到了政府对弱势群体的关怀，这30厘米的距离让弱小者看到了自己没有被忽视的尊严。

## 创新，需要自己与自己竞争

历史的车轮已经载着我们进入了一个新时代。过去200多年来，“美国梦”吸引着全世界的目光，也给了我们有益的启示。这是一种自强不息、开拓进取的国家精神，创造了一个新兴国家强势崛起的历史奇迹。党的十八大以来，新一届国家领导人倡导的“中国梦”已经开启，将引领中华民族走向伟大复兴。不知世界者，无以理解中国；不知未来者，无以评判当下；不知宏观者，无以处理微观。我们的梦想不是天马行空、好高骛远，更不是镜花水月、海市蜃楼。“中国梦”的精神实质是使命和担当，是理想和追求，是创造和实干。梦想是一盏指路明灯，有梦想谁都了不起。

目前我国制造业技术水平与国外相比还有较大差距，企业自我发展、自主创新能力不足，技术研发实力欠缺，研发队伍建设滞后，高技术含量、高附加值产品比例偏低。而更为严重的问题是，很多企业缺乏创新的人才、创新的机制、创新的精神。“创新”毫无疑问地成为转型期中国企业必须破解的命题。

创新不一定总是革命性的，创新不是要有多伟大的发明，变革是创新，点滴改良、优化设计也是创新。凡是能够更好地适应市场需要且能为企业产生价值的市场、技术、管理甚至观念等方面的变革行为都是创新。未来我们要更多的关注以下这些方面：一是要扬长避短、发挥优势，把自己的“绝活”做得更好，提升企业形象；二是要找准市场切入点，以老产品开发新市场，将新产品打入老市场，扩大市场份额；三是要根据市场需求，不失时机地开发新产品，扩大产品品种范围；四是要注重诚信建设，提升产品质量，遵守市场规则，杜绝低价倾销和假冒伪劣。

华为总裁任正非说过：“创业创新必须以提升企业核心竞争力为中心。”优秀的企业一定是领先市场的创新者。对于一个企业来说，技术进步才是生产力和经济增长的最终源泉。我们要对外部创新环境的变化保持耐心和警惕，同时在内部锤炼“刺激创新”的管理机制和氛围，这才是每个制造业创新工作的王道所在，也是我们需要努力的目标。

企业任何工作的出发点和落脚点，都是要实现利润最大化，企业赢利能力的保证来自于生产、质量和市场。作为企业家还要时刻绷紧市场服务这根弦，要做到你不在市场，就在去往市场的路上。

市场是聪明的，是有生命力的。创新是发现已知、未知、潜在的市场需求，也需要我们在那些跨行业的区域、没人关注的区域，创造出一片新天地。

技术创新要有时间观念，企业技术创新工作中最大的浪费，实际上不是金钱的浪费，也不是物质的浪费，而是时间的浪费。这种浪费产生的原因是：一是我们没有关注市场的需求；二是我们没有关注行业的技术进步；三是我们不停地重复一些不必要的工作。而时间的浪费不会出现在我们的财务报表上。

创新最重要的是“核心创新”，即看准趋势把创新产品成功商业化。新产品犹如企业的新鲜血液，能够给企业增加新的活力和动力，已成为决定企业成败与否的关键。每个行业每年开发许多新产品，不成功的新产品往往多于成功的新产品，但是成功的新产品不但带来高端市场，还带来高附加值，所以需要提升创新者自身的水平和价值。

别人选择做大规模，我们要选择做精产品。“精品”体现在“优、强、特、新”。每个企业都要关注前瞻性、前沿性的技术和方向，根据行业技术发展、国家产业政策动向和市场需求制订创新计划或规划。

“宝剑锋从磨砺出，梅花香自苦寒来”。在这个有点浮躁的社会环境下，我们有幸置身于中国经济高速发展的大舞台上，需要凝神静心、专注投入、自我修炼，乐于面对技术创新中的艰苦，甘于承受寂寞和平淡，敢于接受挫折和磨炼。

如果将企业比作一艘远航的船，只有目标明确，才能劈波斩浪抵达彼岸。而创新就是颠覆过去航程的巨浪，只有不断颠覆过去，才能推动企业往前走，这便是创新的强大力量。成功企业的发展逻辑就是：有一群人，专注做一些事，并保持高度的热情，这就是文化的引导力量。我们要大力营造创新文化，将创新理念和个人成长融为一体，才能最大限度激发技术人员的积极性和创造力。

对于一个企业来说，如果想一直生存并保持其所在行业的领先地位，就必须把创新精神作为企业核心竞争优势，除此以外，再没有其他更合适的途径。好的创新精神，要求企业具备特殊的才能——从技术人才、技术专家到管理人才、市场营销人才——并且要把一个完全创新的想法运作成一种新型的商业模式。

激情创造梦想，梦想成就事业。这是一个“造梦”的时代，也是一个“寻梦”的时代，更是一个“圆梦”的时代。梦在心中，路在脚下；心诚则灵，行动则成，创新将会给你的企业带来发展后劲和竞争优势。

一个成功的企业或者企业家，必须能认识到自己的不足，尤其要认识到：过去的成功可能会成为未来创新的包袱。所以，企业要有勇气去否定自己，有勇气去主动清零，有勇气去拥抱颠覆式创新。因为，我们处于一个产品快速更迭、创新无处不在、商业模式快速更新，企业发展处于种种不确定情况下的时代。

当今社会有一种现象，有些很成功的企业，有很好的战略，很好的管理，很好的装备，很好的员工，很好的商业模式，很好的市场和市场占有率，人们也一直做着“正确的事情”。但忽然有一天发现：企业不存在了！它好像什么都没有做错，但就是从市场上消失了。为什么会这样？因为很多企业正在服务的往往是“今天的客户”，所做的改良乃至创新，都是为“今天的客户”服务的。而企业没有过多地关注那些“看不见的客户”“看不见的市场”“看不见的竞争者”。“今天的客户”“今天的市场”

“今天的商业模式”往往是创新的绊脚石，而“颠覆式创新”和“未来的客户”属于新兴市场。所以，企业不能因为今天的客户和市场而影响未来的创新。企业还需要有一支独立于日常生产经营工作以外的创新队伍，去做与现在没有关系的创新。

影响企业创新的还有一个重要因素，就是“中层障碍”。往往在一线的销售人员和技术人员看到市场变化，他们愿意创新，愿意改变，但中层还在原来的成功基础上拿着很高的工资，过着很舒服的日子，谈论过去的成功。要知道，创新，尤其是颠覆式创新，往往让人不舒服。一个公司越成功，出现中层障碍的可能性越大，有的时候需要换一批中层才能保持企业的创新性。

影响企业创新的另一个重要因素，是组织结构的惯性。由于企业各部门的人做事往往有自己的一套系统、节奏、利益，部门之间也很少沟通。所以，要逐渐打破每个部门“占地为王”的格局，要设置一切围绕市场的纵向、横向快速创新反应的机制和职责。

影响企业技术创新还有一个因素是个人，对于技术创新来说，个人分量很重。项目负责人找错了，企业有再好的基础也不行，这相当于航海找错了船长。

对于企业技术创新工作来说，客户、中层、部门、人才是企业创新工作的基础，这四个因素之间存在着相互作用、相互阻碍的关系。所以，企业要加大牵引力度，促进它们之间的良性互动，从而促进企业技术进步，加快企业健康发展。

**创新要实现技术和市场的双突破**

一项新的技术如果不能商业化，就只能叫发明，只有商业化了，才能叫创新。创新只有在技术和市场双突破的情况下才有价值。

没有人做的事情，并不意味着不可以做，也不意味着不能做成功。

对于大多数企业而言，只有当公司遭遇发展困境时，才会考虑内部创新、创业的问题，但是优秀的企业却在遭遇瓶颈前就开始行动。

考虑市场竞争的存在，在满足客户需要的前提下，越是凭实力做成大家都觉得很难做成之事，就越有可能真正地将企业做大做强。

## 创新，一定要摆脱“路径依赖”

笔者看过几篇关于中压耐火电缆的文章，每一篇都写得很有特色，描述的产品结构和使用材料都不一样，由此可见，中压耐火电缆的技术在我国发展很快。而在前十年、前五年，大家讨论中压耐火电缆都似乎感到有些不可能或者没必要。而如今，这种产品诞生了，它的诞生把不可能变成可能。当然，没必要也成为有必要，因为市场需要。所以，市场的机会催生创新的机会，留给了那些致力于创新的人。当然创新不仅是技术创新，创新工作贯穿于一切的生产经营活动之中。

未来的市场竞争将由激烈向惨烈发展，大家在有限的市场空间里抢食，逼迫企业在各个方面不断地创新，而不是过去一个思路、一件产品、一项技术、一个客户管用好多年。

当前市场、技术、知识变化越来越快，一个成功经验或许还没来得及总结和推广，就已经时过境迁了，而更可怕的是我们很多的人和企业仍然墨守成规、安于现状。

部队发一批枪，新枪的性能当然很好。但是，很多老兵已经习惯用老枪，拒绝用新枪，倒是那些新兵一开始用新枪，如鱼得水。老兵不用新枪的原因，是老兵经常用结果证明新枪有问题，而且不是一个人，是一群人。新枪与老枪不是关键，关键是谁愿意用新枪才是关键。由此可见，固有的经验往往会扼杀创新。

董事会成员十多年不变，总经理班子成员长期未变，业务骨干长期未变。这些曾经的变革力量，已经成为变革的阻碍。

多数人可以革别人的命，但很难革自己的命。所以，在革命和创新方面，相当多的革命者最后会成为革命的对象。

很多企业人随着年龄的增大，自己变得越来越保守，出现经济学家所讲的“路径依赖”。如果只是作为所谓的专家，可能影响不大；如果作为企业的一位营销员，一名管理者，一名技术人，问题就大了。

但凡有点历史的企业，都会有创新问题、管理问题以及发展问题。新枪很好，但老兵不用；创新有新，但因循守旧；断臂求生，但难以革命。

企业家一定要弄懂一个问题：人们为什么买你的而不买别人的？这也可以分解成两个方面：一是怎么提高你给消费者创造的总价值。消费者不是傻子，没有价值的东西是不会买的。创造价值需要劳动，但价值不是由劳动决定的，而是由消费者的边际效用决定的，他愿意为你支付的价格绝不会超过你为他创造的价值。二是如何降低成本。因为只有降低成本，才能降低价格。通俗地讲，就是物美和价廉。消费者喜欢买你的东西，无非就是这两个方面的因素。如果你不能做到物美，至少做到价廉，当然，最能赚钱的是既物美又价廉，所有的创新应该围绕这两个方面进行。

最伟大的企业家做的事，这个市场根本没有，你根本没有办法做市场调研。真正的创新是没有可模仿的对象的，只能靠想象。所以，企业家的想象力很重要。

创新一开始的利润是负的，所有新产品开始都是亏损的。但随着市场扩大，就开始赚钱了，利润不断上升。但是到一定的时点后，模仿你的人越来越多，你赚钱的能力就越来越弱。

会创新的企业家总在产品还在赚大钱的时候，就开始投资下一个可能赚钱的创新产品。只有不断创新，才有持续的利润可赚。有一些企业在自己的产品销售最好的时候满足于欣赏自己的利润，以为可以“一招鲜吃遍天”，结果过一段时间可能就消失了。

所有创新最初都只是一个想法而已，但是这个想法一定与众不同，也就是大部分人不会想到。即使你把这个想法说出来，大部分人也不会认同，认为完全不可能。创新就是把一个想法变成一个市场。创新不是发明，发明申请的专利可以放在那里给人看，企业家创新不是给人看的，最后一定要有人乐意买单。

**创新常常发生在边缘地带**

有一家银行，开了3个窗口，都排满了人。当第4个窗口打开时，会是谁最先过去？显然是那些排在队伍最后面的人，因为他们足够机警，一直在观察周围的环境。他们不在前排，没有多少既得利益的诱惑，也没有那么多束缚。他们就站在边缘，随时可以灵活改变。

伟大的新事物往往来源于“边缘力量”。为什么边缘人容易创新？因为他们没什么可以失去的，所以他们可以去冒险，去尝试，即使失败了也不会有什么成本。

越是成功的人，心理压力越大，而他的成功也会让他成为自身的囚徒。

你的动力，源自于好奇心，而非责任感。

当人们觉得你不行，或者认为你做的事情不对时，你就已经走上了一条正确的路。

## 创新， 通过匠心将创意变成市场

美国作家沃克在其畅销书《改变世界的机器》开篇即说：“一个国家要生活得好，首先必须生产得好。”话语朴实，道理深刻，表明制造业是一国经济发展的基础。放眼世界，一国制造业的水平决定着该国在世界上的地位。没有强大的制造业，就没有国家和民族的强盛。

中国需要找到一条新的发展之路。形成中国经济增长新动力，塑造国际竞争新优势，重点在制造业，难点在制造业，出路也在制造业。现在我国制造业虽然面临一些问题，但并不等于说不需要制造业了，制造业和创新紧密相连，一旦失去制造业，创新就没有活力。

中国制造业的未来谋划不但关乎企业的生死存亡，而且关乎国家竞争力。

中国制造业要向微笑曲线两端中高收入价值环节延伸，参与更高层次的国际分工和竞争，就必须以更高效率的生产方式提供附加值更高的产品，形成一批具有国际影响力的全球价值链旗舰企业、一批在细分市场领域做到极致的“隐形冠军”企业和一批具有蓬勃生机、创新活跃的中小微企业。只有全面提升中国产品在全球价值链中的控制力和国际产业分工地位，才能实现从制造大国向制造强国的转变。

随着中产阶级的壮大和移动互联网时代的到来，人们的消费理念已经发生了本质变化，“简单粗放”的产品不能适应市场需要。制造企业要存活与发展，就必须将产品做到极致，在深耕上下功夫。只有这样，才能赢得越来越挑剔的消费者的青睐，也能在残酷的竞争中谋得一席之地。

完善知识产权保护制度，创造激励个人和企业的制度环境。政府必须维护公平、公开、公正的市场秩序，对产权实行有效保护，为企业创造稳定和可预期的环境，激励更多要素参与市场交易，激发市场活力，提高资源配置效率，使“一切劳动、知识、技术、管理、资本和活力竞相迸发，让一切创造社会财富的源泉充分涌流”。

## 现场管理需要不断坚持与创新

对于制造企业来说，它的核心竞争力永远是产品，提升产品的竞争力关键在于企业产品的精确定位与制造水平的提升。制造技术和管理是否与时俱进，是否跟上国内（甚至国际）行业先进水平，在于企业管理者重视的程度。

弗雷德·特纳（麦当劳总裁）说：我们的成功表明，我们竞争者的管理层对下层的介入未能坚持下去，他们缺乏对细节的深层关注。也就是说，缺乏对当时人、当时事的即时密切关注，也就是缺乏对现在关注，这是麦当劳竞争对手的败因所在。

现场管理的目的：首先是创造一个有规律的工厂；其次是创造一个干净的工厂；再次是创造一个可以目视管理的工厂；最后是达到一个为客户提供高品质产品的工厂。

现场管理的作用：提供一个舒适的工作环境；提供一个安全的作业场所；塑造一个企业的优良形象；提升员工工作热情和敬业精神；提升员工的素质；提升企业的整体战斗力，核心竞争力；稳定产品的质量水平；提升工作效率、降低消耗；增加设备的使用寿命，减少维修费用。

因为不整理而发生的浪费：空间的浪费；零件或产品变旧，过期而不能使用的浪费；管理的浪费（不用的物品）；库存管理或盘点花时间的浪费等。

现场管理需要：行动、行动、再行动；改进、改进、再改进；努力、努力、再努力；提高、提高、再提高；坚持、坚持、再坚持。

## 创新之匠，要抓住核心价值

企业发展有两种动力，一种来自内部，即自我的规划和未来的预期；一种是外部的推动，即市场本身的变化和客户的要求或习惯。对很多公司来说，在你还没有足够强大的时候，最好全心全意倾听客户的的需求，从他们的选择中找到未来的努力方向。“看到了别人的需要，你就成功了一半；满足了别人的需要，你就成功了全部。”这是著名的阿尔巴德定理提出的企业成功要素。在这个世界上，当你最懂你的客户的需求时，你的发展能不好吗？世界上的大公司，没有一个公司只卖一种型号的产品，即便已经做得很好，也会第一时间捕捉到客户新的需求，并快速满足。所以，你会发现很多的新品仅仅是加了一些改良就隆重登场。与其说，他们是在展示新品，不如说，他们是在展示一种与客户相处的态度。招商银行的广告语“因您而变”，从某种意义上说，是广告创意者给招商银行提出的一个期许。而对消费者来说，看到这样的广告，内心是温暖的，是被尊重的。你对客户研究得越深，你就能提供更为精准的产品和服务，更能体现技术创新的价值。

我们总在说差异化，差异化从哪里来，一定是从你对客户需求的分析中来。创新要有差异化，差异化是企业竞争力的核心，相对优势是最大的优势。大家都不是全能冠军，所以，每一个新品都不能满足所有需求，每一个创新都不能打败所有传统。你能说的就是你最得意的一点，这就足够。那一点，就是你的核心竞争力。

创新一定要有颠覆、破坏、超越的理念，抄袭、模仿者永远开创不了新时代。一个新产品从无形到有形，从纸面到实体，需要进行多次修改提升，有时需做减法，减掉多余的无用功能设计，缩短工艺流程；有时需做加法，添加细微附加性能，便可收到“1 +1 >2”的效果，增强产品的新概念。同时，创新要有成本观念，要充分考虑到设计方案、实施步骤、保障条件、市场应用等环节，把准备工作做在前面，才能确保一次性成功。

## 中国赢得了制造，但失去了研发

1990 年，在改革开放 12 年之后，中国制造业产值仅占世界制造业总产值的3%，而中国人口却占世界人口的20%，这一令人尴尬的数字反映了中国工业基础薄弱。经过一代人的努力，2010 年，这个数字变成了 19.4%，并且超过美国的 18.2%，成为世界第一制造大国。

由于研发能力薄弱，中国庞大的制造业产值只能带来有限的实际价值。例如，一台 iPhone 的出厂价是 179 美元（产值），但中国工厂仅拿走6.5 美元，因为 iPhone 零部件来自日德等国，中国只是负责组装。iPhone 出口到美国后，售价是 500 美元。多出的 321 美元，一半为渠道商所得，一半变成苹果公司的利润。

很多行业存在“引进→落后→再引进→再落后”的恶性循环。高铁是中国制造业“引进→消化吸收→再创新”的代表作。日本和韩国每花一元钱引进技术，就要花5 元到 10 元钱消化吸收；中国以汽车工业为代表，在很长时间内花1 元钱引进，只花0.07 元消化吸收。但在发展高铁时，这个比例达到了1:3，1 元钱引进，3 元消化吸收。

2012 年，中国已超过美国，成为最大的专利申请国。但是，中国的专利以技术含量不高的实用新型专利和外观设计为主。2012 年，中国发明有效专利占国内全部有效专利的比例仅为 15.7%，世界排名前十位国家的平均水平为 83.5%。

研发投入占企业主营收入的比例，被称为企业研发强度。研究表明，研发强度小于1%，企业难以生存；达到2%，企业可以勉强维持；达到5%，企业竞争力方有保证。在主要发达国家，企业平均研发强度普遍在2%以上。其中日本3.57%（2009 年），美国2.93%（2007）。2011 年，中国大中型工业企业（营收2 000 万元以上）的研发强度仅为0.93%。

与企业研发强度相对应的是国家研发强度，这是指一国研发支出占该国 GDP 的比重。中国这一指标在过去十年有了长足进步，2013 年首次突破2%，与多数发达国家差距不大。目前的问题，一是资金投入结构不合理，二是管理水平导致资金使用效率不高。

大型国企在科技创新方面缺动力、缺能力、缺经验、缺品牌、缺环境。

全球制造业第一方阵：美国，第二方阵：德国、日本，第三方阵：英国、法国、韩国、中国。

中国能够成为美国以及世界的“代工厂”的一个重要原因是，中国低廉的制造成本，包括人力资源成本、土地使用成本、原材料成本，甚至污染治理成本等。

靠拧毛巾拧出的利润是迫不得已、是挣扎，必须在关键领域有核心技术。

中国企业家多属于“套利企业家”，而中国经济发展需要更多的人成为“创新企业家”。若要在这方面实现华丽转身，则需要更多人成为“制度企业家”，共同遵循“法律、道德、制度、创新”等原则。

没有今日的创新，就没有明日的发展。

## 创新管理：企业提升竞争力的驱动器

在创新驱动发展战略的主导下，创新成为企业活动的核心内容。投机式发展在当前经济、技术和市场发生急速变革和竞争加剧的形式下已不再有效。不管是实行跟随战略还是引领战略，中国企业都开始寻求通过创新来提升竞争力，维持和拓展市场份额，从而获得更大的效益。

创新管理的核心在于有效应对创新的复杂性，通过流程有效组织创新过程和实现职能协同，降低创新中的不确定性，提升创新的效率和质量，管理创新的风险，确保创新目标的实现。同时，不断吸收和积累最佳创新实践经验，不断提升公司创新能力，实现公司创新驱动可持续成长。

创新管理还要依靠“内部资源能力”和“外部合作生态”，形成一个可持续的“价值创造、价值传递和收益获取”的价值共享的生态系统。

创新管理需要管理者有认知未知的能力，而不是对经验的传承。今天的领导者更重要的是学习力，而不是行业经验，事实证明，有学习力的领导者对公司创新管理的帮助显著。对未知，有能力认知，这个对创新管理非常关键。

创新过程中的不确定性和高风险可能来自管理、技术、生产、资金等企业因素，也可能来自政策、市场、社会、自然等外部因素，只有在整个过程中进行周密地管理，才有可能获得成功。

做管理或学知识，有一个很重要的心态就是归零和清零。你学到的知识一定要面向未来，不是拿来面对过去。此外，你还要有开放的心态。你要真正彻底、全面地打开。打开是由内而外，拉开是从外往里。只有打开才能包容、接纳，才能真正理解变化。

好的企业有三个主要特征：（1）努力保持增长，用增长去面对变化；（2）不断自我变革、自我转型；（3）顺应市场和客观规律。

### 企业未来的竞争是管理的竞争

企业发展一定要面向市场做要素整合，把资金、技术、人才、市场、创新、生产、企业内外产业链等面向市场竞争的所有资源和要素有效整合起来，并在市场竞争中获胜，这是管理的价值，也是管理的目标。

所有公司都是管理第一，技术第二。没有一流管理，领先的技术就会退化；有一流管理，即使技术二流也会进步。

核心竞争力对一个企业来讲是多方面的，技术与产品仅仅是一个方面，管理与服务的进步远远比技术进步重要。

企业要谨防产品或业务的孤岛现象，只有运用集合创新思维，对产品和业务有意识地进行产品组合或业务组合的战略安排，才可能有效地增强企业的市场抗风险能力。强大的产品组合和业务组合，就是企业的强大所在。

未来的竞争是管理的竞争，所以，企业要在管理上与竞争对手拉开差距。对于每个企业来说，什么东西都是可以买来的，唯有适合自己的，具有竞争力的管理是买不来的。

## 减少浪费就是最大的创新

工艺管理比技术创新更能体现公司管理水平，企业的管理水平先进与否，体现在管理上，最终体现在产品上。

工艺管理和改进无处不在，关键在于技术工作者要有心。减少浪费就是最大的创新；始终确保产品的高性能、低成本就是最好的改进。工艺改进要有时间观念，时间就是成本，时间就是效益。

工艺管理和改进工作，要本着“三个有利于”开展工作：有利于产品质量，有利于降低成本，有利于提升效率。

工艺管理既要有成就，也要有激情。成就代表过去，激情是为我们的未来而努力，技术工作者要为企业和自身的未来负责。

很多时候，我们没有真正做到“精制造”，源于管理者的工作做不到位。无为就是错，无功就是过。心存敬畏是做人做事的根本，没有对事业的敬畏、敬重，便没有了良知，企业发展也就到头了。我们要为企业的发展聚心、聚力、聚才，不对的事赶快改，没做的事抓紧做。对于当前工艺管理的差距，我们要有清醒的认识，绝不能输在起跑线上，既要始终坚持产品高质量，也要做到不浪费。

从事技术工作的人员心要静下来，身子要沉下来。要从“散”到“聚”，锻炼要从“重”到“轻”。技术部门要给每个技术人员制订培养、培训计划。技术工作者要努力变成杂家继而成为专家。

新产品、新工艺的试制要制订周密的计划，确保一次性成功，而不是重复、反复地试制，造成浪费，并将试制过程记录、总结，在总结的基础上不断提高。

关心人才就是关心企业的未来，谁拥有人才，谁就拥有未来。要避免“望天收”式的错误人才培养模式，要注重不同岗位上的人才培养。人才培养的重点不是改变别人，是让每个人的优点、才能和激情得到发挥，从而提高组织的整体效能。

凡是能想到的都不是精彩的，凡是能做到的都不是完美的。知道是没有力量的，相信并去做才是最有力量的。

当产品连接工作、连接个人、连接团队的时候，个人和团队就会有价值，企业就会有发展。成功企业的发展逻辑就是有一群人在专注一些事，并保持高度的热情。

# 第五章

# 工匠精神，源于严苛的管理

工匠精神是管理出来的，细节决定成败，管理者要追求工作的完美和极致，不惜花费大量的时间和精力，用心管理每一个细微之处，用标准流程一丝不苟地去用心琢磨，才能激发出创造的灵感和动力，才能使管理出成果。管理者要心无旁骛，用工匠精神，发挥最大的潜能，才能把事情做得近乎完美。

## 有尊严的企业更倡导工匠精神

杰出的企业一般都有杰出的工匠，杰出的工匠相信唯有生产出质量过硬的产品，才有创新的底气；唯有产品可靠，企业才有尊严。

匠心造精品：精造、精造、再精造。

作为一家有尊严的企业，一定要珍视“身后名”，不贪“眼前利”。

中国制造需要专注于某个领域、某种产品的“小公司”“慢公司”，绝不需要“差公司”和“假公司”。

低价竞争的另一个副作用，就是“山寨”行为的日渐横行。

质量比数量更重要。

企业发展的速度千万不能超过人才培养、人才成长的速度。市场是无限的，但公司有限的人力、物力决定在接业务时必须量力而行，不可以盲目扩张。一味地强调做大不是不可以，但是要好好衡量一下是否具备做大的基本条件。

品质是企业的尊严。

中国制造需要企业家们静下心来，只干自己会的。而当下，实干的企业家不多。其实，务实有效地运营一家企业，创造出独一无二的产品，比浮夸的规模和速度更值得追求。

一个国家只有制造业强大，才能有真正的话语权。

标准主导一切的背后，是有效的执行。

在德国企业，员工和企业用人的“持续性”很重要。所有做出的承诺，都要去履行，而且不能中断，一定要保持一种“持续性”，既有由学徒到员工培养的持续性，又有承诺、责任、研究成果的持续性。所有的持续性，人才是核心。当德国崇尚劳动与技能，以规矩、标准、制度管理人性时，勤劳、踏实、守规矩便成为国家的性格名片。

中国制造企业，需要行之有效地建立培训制度，去培养那些拥有高技能的蓝领工人。

每一点进步与改善，都是值得称赞的，哪怕有所醒悟，也是一种进步。

小事没有完美的解决，大事一定会处处受挫。大事都是无数个微小的细节组成的。工匠精神，就体现在对小事的完美解决上。

如果没有检查和验证，下一道工序是不能盲目向前推进的，这是对质量问题坚决不妥协的有力见证。

只有认真的工作态度及向客户提供高品质的产品和服务，才能得到客户的尊重。

## 价值观，也是生产力

很多企业在发展到一定的规模时，在追求做大规模上做起了文章，这种做大的基础不是在过去的主业上强化发展，而是进行跨界发展，有的搞起了贸易发展，甚至进行大规模的兼并扩张，更有甚者还进行数字注水。而通过这种方式的做大，企业并没有提升经济质量，反而多支出了很大一部分成本，经济规模上去了而经济效益下降了。

中国企业过于急功近利，一是为了自己所谓的面子；二是外界力量的推动；三是想获得快速发展的效果；四是虚荣心在作怪。

很多企业总拿着别人的地图或规划，按照别人规定的路线在走，没有自己的方向。

今天的中国企业，已经越来越沦为资本的游戏，没有丝毫的创造力，这既是中国经济的悲剧，也是中国文化的悲剧。很多企业家耐不住寂寞，抵御不住短期利益的诱惑。

其实，中国企业需要价值观，而很多企业没有自己的价值观，价值观是一个企业发展、扩张，走向世界的先决条件。如果价值观没有站在行业的高度，这个企业就不能征服行业的企业；如果价值观没有站在中国的高度，这个企业就不能征服中国的市场；如果一个企业的价值观没有站在世界的高度，它就不能征服世界的市场。

一个人越专心做一件事，效率就会越高，事情就会越做越好。同样的道理，一个企业，越专注于一个领域就会越有竞争力。在一些商业领域，商业模式的竞争并不是那么复杂，也不需要高精尖的技术，关键就在于你要踏踏实实地做一些事，并坚持把它做好。如果一个企业存在多元化的发展，如果一个企业的销售额被注水了，这些企业还会专注吗？还会有很大的价值吗？

一个企业如果没有良好的价值观，这个企业就无法和行业、市场、世界对话。

中国企业需要价值观，价值观也是生产力。

## 制度大于老板，管理多用匠心

人是感性的，制度是理性的，制度是用来约束权力和人性弱点的；而人又是魔鬼与天使的结合体，只有制度的约束，才能使人更像天使。

几乎90%的企业表面上是法治，实质上还是人治。在制度与老板本人之间，老板首先还是相信自己，其次才相信制度。很显然，在这种逻辑下，其企业管理的本质还是人治。

在人治的情况下，首先破坏制度的一定是老板，因此就形成这样的怪象：官大的人破坏制度，官小的人去执行制度。

老板相信自己超过相信制度，是很多企业不能很好执行制度的重要原因，这也是很多老板还没有意识到的。

不管什么样的老板，都要切记不要相信自己大于制度，要对制度有敬畏感，用制度约束自己、完善自己、建设团队、群体共治，也只有这样，才能形成企业制衡、分权、民主、尊重的法制管理环境。

让制度大于老板，让管理多用匠心，依法不依人，是企业施行法治能够取得成效的根本保障。

### 管理的精髓是制度的重要性

没有完善的制度，就没有成熟的企业和员工，这就是制度为什么如此重要。制度保证了企业各项工作的秩序，也决定了我们能否做到在紧密协作中“人尽其职”，而不是缺乏约束的一盘散沙。对遵守制度的员工，我们应该积极奖励。同时，管理者也要带头遵守制度，但也应该避免制度僵化，使企业的管理落入“形式主义”。

在现实中，没有懒人，只有“懒制度”。

管理制度是企业的“鞭子”，工作制度是企业的“发动机”。

管理者要用制度管人，用流程管事。企业的每个人如果都能在同一种制度的约束下，严格按照同一种流程标准去工作，那么企业就具有强大的组织纪律性。管理的精髓是什么？是纪律的重要性。

制度一定要公示。公示的制度才有约束力，否则，不如没有。制度既要有授权，也要有监督。

制度既信任人的能力，也怀疑人的本性。用规则保证纪律，用奖惩抑制惰性。

避免制度成为形式主义，管理者需要把握三个基本原则：一是设立执行制度，详细定义执行力标准；二是明确监督者，规划监督执行的标准；三是建立信息反馈制度，让执行信息第一时间传达给管理者。

奖励那些遵守制度的人。遵守制度本身就是一种对企业的贡献。违反制度必受惩罚，遵守制度必受鼓励。当然，制度的设计要公正，才能从源头上保证执行。

管理者自己通过遵守制度，乐于接受下属的监督，能够起到强大而有效的示范作用。

## 匠心管理，标准化先行

一个企业要想在成功的道路上走得久远，靠的并不是简单的领导者智慧，更多的是标准化，企业管理要以规范化的制度作为支持，只有标准化、规范化的制度才能使所有员工有一致的思想与行为。

有了标准化，才可以复制，才可以做大；有了标准化，才可以改善，才可以做强。而标准化，又恰恰是中国企业致命的短板，当然，也是提升自己最大的机会。

以人为本必须建立在信息透明的基础上，只有这样才能调动和激励每一位员工。

自律需要觉悟，但更需要严格的他律，因为懒惰、自恕是人的天性。没有严格甚至苛刻的制度执行作为前提的所谓自律，是违背人性并且自欺欺人的。

当员工可以“自主”决定薪酬时，他才是企业的“主人”，才能自我激励。这时，为企业工作，就是为自己工作。

科学、完善的企业管理制度是企业的核心竞争力之一。

高质量产品的产生，一定来自企业一把手对于“完美”的无限渴求，以及近乎偏执的苛求。

没有沟通，就没有管理。沟通不仅在于磋商大事，更在于不厌其烦地落实小事。

管理者的人格魅力重在对做事情的认真负责态度。

## 案例

规则能够实行，必须简单。英国的户外垃圾箱总是并列三个，箱体外的户外图案标志一个是易拉罐，一个是玻璃瓶，一个是人提着的杂物袋，让人一目了然，知道归类抛物，那些不识字的人，都会让垃圾各得其所。

英国地铁开通于一百多年前，线路四通八达，密如蛛网。人们下了地铁，如陷入迷宫，但是不用慌，哪怕不识英文的外国人都不会迷失方向。地铁墙上的中腰线是宽的色带导向线，色带正好与你的眼睛平行，躲都躲不了，或红或黄或绿或蓝，一种颜色代表一种线路，与地铁中免费地图上的线路色带是一样的。语言有国界，色彩无国界，跟着色带，循着墙角转，连傻瓜都能找到月台。

其实，规则越简单，执行就容易，大家都执行，方便你我他。规则不是做给内行人看的，而是做给外行人看的，让大家都一目了然，这样执行和监督的成本就低。当然，遵守规则需要我们每个人自身的修养和良好的习惯。

## 精益管理是一种工匠的信仰

讲匠心，就要求精益。精益的目标是零缺陷、零库存、零浪费、零故障等。企业走精益之路，说到底是领导和员工通过精益改善行动，朝着理想的目标不断修炼意识、思维和能力的过程，也是匠心管理的细化过程。

从这个意义上讲，精益就是一种信仰，是指引企业领导和员工走向未来的信念、准则和指引。企业领导有必要从自己开始转变观念，影响和带领全体员工一起，信奉精益，实践精益，把企业带向美好。

基于精益这个信仰，我们更应该懂得，精益不要等，不能等，现在就是开始精益的最佳时机。

基于精益这个信仰，我们还应该懂得，员工只要付诸精益行动，就不用担心能力低下。其实，帮助员工提升和成长，既不能靠考核，也不能靠培训，而要靠现场的精益改善训练。只要员工能够在精益管理机制约束下积极参与改善，就能够在发现问题和解决问题的过程中，持续提升素养(习惯)、意识和能力。可以肯定的是，员工的学习一定是为了改善，员工的改善肯定是最好的学习。

此外，精益需要领导能够身先士卒，持续坚持，精益改善终将成为企业文化的核心内容，精益终将成为全体员工的信仰。

企业创新，在借鉴别人的经验时，不仅需要“求其形”，更要“得其神”。

我国制造业存在的主要问题：自主创新能力不强，核心技术和关键元器件受制于人；产品质量问题突出；资源利用效率偏低；产业结构不合理，大多数产业尚处于价值链的中低端。

而成功的制造企业需具备的四个主要特征：雄厚的产业规模、优化的产品结构、良好的质量和持续的发展潜力。

在非国家垄断的行业中，民营企业通常存在着竞争优势，尽管这种竞争非常残酷，在市场发展中优胜劣汰将不断洗牌。因此，企业需要在这几个方面下功夫：一是严细为要；二是质量为先；三是诚信为重；四是人才为本。

未来企业的发展要从两个根本性的产业模式转变：一是大规模流水线生产转向定制化规模生产；二是产业形态从生产型制造向生产服务型制造转变。

### “八精管理”

1. 市场开发要精耕。
2. 客户服务要精致。
3. 人才培养要精心。
4. 成本管理要精细。
5. 产品质量要精品。
6. 现场管理要精雕。
7. 技术创新要精美。
8. 效率提升要精确。

## 持续的工作热情， 不是三分钟的热度

请相信人的力量，请相信自身的潜能，但是不要忘记谦虚。

工作这东西只要怀着热情尽力去做，成功也好，失败也好，对自己来说都是有价值的。正因为如此，工作才成为“没有失败的游戏”。

许多人不认为自己的工作重要，而是想寻找更好的工作、更好的环境、更好的以及更适合自己的企业，然而，这显然属于“这山望着那山高”。与其茫然地寻找，不如脚踏实地做事。因此，全力以赴做好眼前的工作很重要。

今天实现一点，明天再实现一点，后天则在前一天的基础上再实现一点，十年后你就会吃惊地发现实现了很多。

工作，不能光说，关键是要行动。再小的行动，只要不断积累，就能使企业发生大的变化。

在工作中要做到，下一个工作的同事就是客户，其延长线的终点就是真正的客户。

一个企业，如果“手拉手”的员工增多了，这个企业的发展一定是良性的。“手拉手”就是指通过每个员工的联合、互动来使企业得到良性发展的做法。

对于转型中的企业，员工们如果不具备求变的意识，那么无论如何做都会以失败而告终。无论什么样的名医，如果身患重病的患者自己没有能够治愈的希望或者信心，是没有办法治好的。

一个企业不仅需要上下级有良好的沟通，更需要“左右”之间的沟通渠道不能堵塞。

要记住：工作需要激情。激情是人最珍贵的东西之一。几乎所有的成功者都有一个了不起的东西，那就是巨大的激情。很多人并不缺少才华，缺少的是激情。

我们很难遇到一个懒洋洋的却取得了极大成就的人。才华在许多时候表现为激情，虽然它们并不完全是一回事。一个人可能知识很渊博，能力很强，什么都好，可是就是没有激情，这样的人走不远。如果才能是二三流，生活阅历是一流的，激情也是一流的，那么这个人就不得了。

将毕生岁月奉献给一门手艺、一项事业、一种信仰，这个世界上有多少人可以做到呢？如果做到，需要一种什么精神支撑呢？那就是激情。

“一旦你选择好职业，你必须全心投入工作中，你必须爱自己的工作，千万不要有怨言，你必须穷其一生磨练技能，这就是成功的秘诀，也是让人敬重的关键。”以上的话来自日本的小野二郎。2012 年，86 岁的小野二郎是全球最年长的三星大厨，被称为“寿司之神”，在日本地位崇高，“寿司第一人”的美誉传遍播全世界。小野二郎超过 55 年的时间都在做寿司，他的技术举世无双，他对寿司所注入的精力，对待寿司的感情以及技巧绝对是世界第一；他的寿司店“数寄屋桥次郎”远近驰名，被誉为值得花一辈子排队等候的寿司店。

无论工作有多小，如果穷其一生去做，那就是一种巨大的成功。

人在年轻的时候激情多，随着年龄的增长，经过了各种各样的消磨，会有所减少，区别是衰减的程度不同。有的人会将它藏在心底，需要时会迸发出来。

人和人相比，最重要的是比激情，看它如何降临又如何消失。

人与人之间差异很大，好的榜样可以激发我们的激情，帮助我们回忆。无论现在多么富有和贫穷，要紧的是留住生命的华彩，激情是用多少金钱都买不来的。

## 管理是盯出来的

你用多少时间完成工作，工作就会自动变成需要那么多时间才能完成。

时间就是一张网，你撒到哪里，就在哪里收获。

有时候那些没有成果、没有结果的事能免则免。

管理是盯出来的，技能是练出来的，办法是想出来的，潜力是逼出来的。

在碎片化的时代，你的产出来自5%的聚焦与95%的抗干扰能力，如果你的精力与时间被碎片化，那你未来的成果也就粉末化了。

当我们舍弃长时间阅读的耐心和延展的注意力，换成互联网催生的快速浏览时，我们就失去了耐心和注意力。

没有所谓的怀才不遇者，最终需要的还是耐着性子埋头苦干，等待时机。所有人的天分、期望值、机遇都是不同的，只要保持努力，每天与昨天相比进步一点，即使是前进的步伐有些慢，但不要紧，一直向前走就好。

做一件事或见一个人之前，先不要预设立场，要多用感觉。对人“麻木”是因为老用以前的经验告诉自己“不就是那么回事儿吗?”要知道，世界上没有一模一样的人，人心和世界都时刻在变化。

很多人都觉得自己不是很幸福，是因为内心欲望太多，欲望是永远无法被满足的。当你能力还不够时，何不减少一些欲望，要求简单一些，幸福也就多一些。

不要相信运气，所有的运气都是个人的努力和积累，有所收获必须要有所付出。站在更高的位置看事情，取舍有度，你就能拥有更美好的未来。

世界上有两种人：空想家和行动者。空想家善于谈论、想象、渴望，甚至于设想去做大事情；而行动者则是去做！行动者比空想家更容易成功，就是因为他们把行动当作一种习惯。

有句话说得好，花开蝶自来。你的人格魅力够了，你做事的风格有了，你足够认真和真诚，成功自然会被你吸引来。

昨天即便再辉煌，也是身后的一个个驿站，打破了，才能前行；固守着，就是枷锁。

当今时代，有太多的人懂得钱在哪里，却没有太多的人真正明白幸福在哪里。幸福是什么？每个人有每个人的解释。在我看来，那是和宁静、喜悦之心紧密相连的。我心安处是幸福，一个足够纯粹、勇往直前的人，必然是能体会到这份幸福的。

细节决定成败，但过程是成败的关键。

一个人保持一份执着、一份纯粹，是多么的珍贵和重要。很多时候，执着是把双刃剑，所向披靡的同时，也割向自己，假如没有那种义无反顾的决绝，又怎能与心目中那个恭候多时的自己会面呢?

人们做事的方式不一样。你要向走在你前面的人学习，但要开辟自己的路。所以，要与众不同，要探究你前面的弯路，不要害怕偶尔的摔跤，摔跤是旅程的一部分。

永远不要被错误和失败打倒，每一件事的发生都是有价值的，都有利于你学会生活，读懂人生。人，只有善于从失败中学习才能更加从容，更容易成功。

真正厉害的人，是那些在困境中依然保持微笑的人。

我们享受生活往往太刻意，充满了向别人展示、争取别人认可与称许的动机，所以享受生活很容易掉入一窝蜂的风潮里。看别人在享受什么，别人认可什么是享受，我们才能感受其中的乐趣。一个社会里有很多人追求这样的享受，那就必然制造出人比人的现象、人挤人的场面。

人不是在舞台上才叫表演，生活里每个人都在演戏，都在表演，每个人都有自己的社会角色、家庭角色。演得好和不好，认真和不认真，不必当真，人生如戏，戏如人生。

**对工作要有前瞻力**

1. 制度是绝情的，管理是无情的，文化是有情的，执行是合情的。
2. 细节做好叫精致，细节不好叫粗糙。凡成功者喜欢把小事做好、做细、做透，企业绝大多数人应该是精益求精的执行者。
3. 多考虑应该做什么，少考虑能够做什么。

4. 差异化是企业竞争力的核心，相对优势是最大的优势。
5. 没有执行力，就没有竞争力。执行力不讲如果，只讲结果。
6. 员工笨就要找到适合笨的管理方法。
7. 人人都喜欢的事不一定是对的，对的事不一定人人喜欢。
8. 不需要你看到别人没有用，要让别人看到你有用。不要指望别人帮助你，要指望别人需要你。
9. 请示问题不要带着问题请示，要带着方案请示。汇报工作不要评论性地汇报，而要陈述性地汇报。
10. 宣贯的密度 + 力度 = 执行的深度 + 高度。
11. 利益是执行的原动力，企业文化是执行的持续动力。
12. 对工作要有前瞻能力，防患于未然，如果总是在忙于救火，那将使我们的工作处于被动之中。

## 管理最长的距离是从说到做

比进入他人的世界更重要的，是打开你自己的世界，这样才能达到有效的沟通。

只有努力过完今天的人，才有明天；听好了，不要等到明天再努力。

对于管理者来说，管理最长的距离是从说到做。

世上有很多事是无法提前的，唯有认真活在当下，才是最真实的人生态度。

了解什么对自己最重要，然后用有限的时间和精力，专注地追求，不被太多无用的东西束缚，从而获得最大的成功。

时刻提醒自己："不管过去多么辉煌，过去的经验都不能保证你在这个新的时代取得成功。"

2014 年 6 月 21 日，福建医科大学附属协和医院的三名外科医生，历时 32 小时为患者切除脑动脉瘤和血液母细胞瘤。手术后三名医生累倒在手术地板上的照片引起广大网友的一片赞誉。

三位医生通过一场超级手术"马拉松"，不光为医德医风树立了标杆，也再一次让公众了解了医生肩上的压力与付出的艰辛。

这样的敬业让许多网友纷纷点赞，也吸引了众多媒体采访报道。

陈建屏是福建医科大学附属协和医院神经外科的主任医师，6 月 21 日，就是他和助手陈松、陈靖两名医生历时 32 小时为患者切除肿瘤。

陈建屏说，这种长时间的手术对于外科医生来说并不鲜见。

"平均下来，我们每个手术要 5 个小时左右。"陈松说，外科医生常年都没有属于自己的时间，"上班时间比手术时间要更长，因为术前要准备，术后要看手术效果如何"。

"像我以前喜欢踢球，支持德国和阿根廷，不过现在根本没时间看世界杯。"作为一个球迷，陈靖也只是匆匆"瞄"了一眼德国和加纳的比赛而已。

陈建屏告诉记者，从医二十多年，他十分了解医生的坚守和尽职对患者及其家属的意义。做手术的辛苦他并不怕，他只希望通过努力让医生的付出得到患者和家属更多的体谅和理解。

“医患之间的关系很重要，大家要互相理解、互相尊重、互相信任。”陈建屏说，“这个手术得益于家属的理解和支持，在目前这种环境下，医生要冒很大风险。作为医生我愿意为患者花几十个小时去拼，但是也希望在我们力所不及的时候，大家能体谅和理解”。

### 企业管理重在“十六”个字

1. 战略管理重在“前”。
2. 企业管理重在“变”。
3. 技术创新重在“新”。
4. 工艺改进重在“验”。
5. 质量提升重在“质”。
6. 人才培养重在“培”。
7. 专利工作重在“专”。
8. 标准制订重在“先”。
9. 定置管理重在“定”。
10. 服务管理重在“细”。
11. 现场管理重在“亮”。
12. 生产管理重在“精”。
13. 文化管理重在“心”。
14. 成本管理重在“逼”。
15. 市场管理重在“实”。
16. 知识管理重在“学”。

# 第六章

## 工匠尊严，凡事讲究精致

器物有魂魄，匠人自极之。工匠会不断雕琢自己的产品，不断改善自己的工艺，使其升华到极致，最大限度地满足自己的精神需求，并以一种符合自己严格要求的极致形式存在。工匠一生的职业就是他精致的理想所在，他不会一味地恪守传统，而是善于用创新的精神，对产品精雕细琢，达到最好的结果，实现最大的价值。

## 工匠有严格的时间意识

第一条原则：控制自己的欲望。这个世界永远在跟你作对，它不照顾你的长期利益。你走过的每一条街，每一个商店都想让你花钱；你口袋里有一个手机，每一个 APP 都想控制你的注意力。我们面对无穷的持续激荡的诱惑链条，就好像被一群小偷——时间的小偷，注意力的小偷，效率的小偷——包围着。

第二条原则：控制你的环境，否则它就会控制你。比如，谷歌办公室最近做了一个实验，把装巧克力 M&M's 的容器从开放的篮子改为带盖子的碗，减少了每个月 300 万颗 M&M's 巧克力的消耗量。

第三条原则：做好计划。把要做的事情写下来，就更有可能完成它，即时贴、日历、提醒，都是很重要的工具。人们说自己想怎么度过时间和他们实际上怎么度过时间之间有很大的鸿沟，但一旦你把某件事情放在日历上，你就更有可能完成这件事情，因为你不必再决定是否要做这件事情。

第四条原则：提高效率。利用效率高峰期。每天我们都有一个 2 ~ 3 小时的效率高峰期，通常在醒后几个小时。大部分人一天最有效率的时间在早晨起床后的两个小时，比如 7 点起床，效率最高的时间为 8 点 ~10点，这段时间应该用来做最挑战大脑的工作。这两个小时通常也是一个人自制力最强的时间段。醒来时间越久，自制力就越成问题。到了晚上，很多事情都会出错，所以，每天最好设置两个小时的“保护时间”。

第五个原则：警惕浪费。警惕浪费时间的四大杀手，这四大杀手是开会、电子邮件、多任务处理和结构性拖延症。什么是结构性拖延症？列好任务清单，然后一个个划掉，就是结构性拖延症的一个例子。因为大部分人会从最简单的任务做起，它让你感觉好像完成了一些了不得的事情，但实际上你在逃避更重要的任务。真正的成就需要时间，而进展未必是线性的。大的项目并不总是有即时回报，复杂的事情不会给我们短暂的愉快，但却在实现之后给你巨大的成就感。

第六个原则：休息就是休息。别拿刷微博、微信、收发电子邮件当休息。人们经常把查电子邮件、刷微博、看微信当成休息，认为有助于恢复精力。大错特错。如果你想休息，可以闭上眼睛、静坐、深呼吸，或者思考一些真正重要的事情。伦敦大学的一项研究发现，经常查邮件或者收发短信会让一个人的智商平均降低 10 个点——女人 5 个点，男人 15 个点。

### 管理你的时间

人生，总是花很多时间在找东西上。不管是有形的东西，还是无形的东西，我们都在不停地寻找。但是老实说，寻找就是一种对时间的“浪费”。

成功人士与普通人最大的区别就在于成功人士能够有效管理好自己的时间。有效管理就是让看不见的时间，变成看得见的时间；让不可控的时间，变成可控的时间。

休息日和朋友的饭局以及各种应酬，不算真正的“休息”。其实，在正常工作日的每一天都要规划一段专属自己的幸福时光，灵感常在放松时出现，所以被工作或时间追着跑的时候，很难激发优秀的创意。人生，更需要每天把一小段时光留给自己，这样，才能在平淡的生活中寻找到属于自己的乐趣。

工作时，除了做“该做的事”，也要牢记“不该做的事”，而保持健康的生活是要知道“不该做什么”。

每年整理一次通讯录，审视一下自己的人际关系。可能会对你有所帮助的人，才是真正的“人脉”。认识很多人，不代表人脉广，反而会浪费你的时间和精力。

## 工匠，醉心于细节

我经常搭乘航班去上海，在虹桥机场发现一个很不错的管理现象，就是在虹桥机场“打的士”不但方便，等车的时间也不会太长，乘客上车或放行李的速度都非常快。原因是在乘客等候出租车的等候区对面，管理者别出心裁地在地面上画出十多个向着出租车行驶方向的斜向停车位，“的士”司机将车停在这样的斜向停车位上，乘客上车就走，既不耽误时间，也不会因为前面有车而影响正常的行驶，效率很高。

而在和虹桥机场相连的高铁站“打的士”就十分不便，出租车是前呼后拥式的排队方向，前方的车如果行驶不快，后面的车也无法超越。此外，乘客上车和放行李也显得十分不便。

经常乘飞机的人还有这样一个感受，每次登机，都能看见经济舱乘客排着长队，进入机舱之后，通道上经常拥堵，即使乘务人员不断提醒乘客也不能改变通道拥堵的现象。走到自己座位的乘客，会站在过道上将大件行李搁置到行李架上。由于行李笨重，需要一定的时间才能将行李搁置稳妥。就在此间，搁放行李的乘客肯定会挡住后面登机乘客的道，这不仅占用别人的时间，也可能发生纠纷。

而我发现美国夏威夷檀香山机场的登机方式却是井然有序的，机场按登机牌上的座位号排序，被叫到座位号的乘客才能登机。他们从最后一排的乘客叫起，依次往前，一排一排的叫。这样一来，最后一排的乘客优先登机入舱，他们放好行李之后安静落座。接着，后面的乘客按照座位顺序再入舱。期间无论哪一排的乘客入舱，留给乘客面前的通道都畅通无阻。这样登机还产生另一个好处，乘客搁置在行李架上的物品也是有序的，而不是“见缝插针”塞进附近的行李架上。

其实，管理有时要体现在细节的设计中。这些细节的设计直接关系到文明的质量与资源的效率。

对于管理者来说，让我们感到遗憾的事情不是我们做过的事情，而是我们没有做过的或没有做到位的事。

## 工作，要从小事做起

当一件件小事积累，终有一天你会发现，原来曾平凡的我，懂这么多；原来平凡的我，在这些小事积累后，人生也会变得不平凡。

不怕每天一小步，就怕每天不迈步。努力是生命的一种毅力，坚持是美好的品格。

多数人每天面对的都是小事。做不好小事，就做不好大事。这个世界上为什么有很多有才华的穷人？因为他们不愿意做小事。

每个人要对自己的行为负责，我说的就是我做的，我做的就是我说的——这就叫言行一致。

我们实在没有什么大本事，我们只有认真做事的精神，世界上最怕的就是“认真”两字。

有两种人永远无法超越别人：一种是只做别人交代的事，另一种是做不好别人交代的事。有一种人一直在超越自己和别人：不但能很好地完成上级交代的事，还能做好不需上级交代的事。

工作不是你喜欢不喜欢做，而是必须要做好，意愿比能力重要，愿干比会干重要。

对待工作要做到：黑夜和白天一个样；心情好和心情不好一个样；领导在场和领导不在场一个样；有人检查和没人检查一个样。

一项调查结果显示，有将近 80% 的人并不喜欢自己所从事的职业。如果有机会重新选择，他们肯定会改行，去做自己喜爱的事。他们中大多数人承认，因为不喜欢，没有尽力于本职工作。在改行无望的情况下，他们把较多的时间和精力花费在业余爱好上。

事实上，这些一心二用、鱼和熊掌都想兼得的人，不仅本职工作平平，业余爱好也始终处在较低水平。

## 真正的工匠，不怕反复核对

2016 年 10 月 11 日中午，东航一架空客 A320 客机在起飞滑行过程中发现同公司另一架空客 A330 客机正在穿越跑道，当时两架飞机水平间隔约 350 米，而此前塔台并未提示。为了避免相撞，A320 紧急拉高起飞，从 A330 后侧上空飞跃，此时 A320 距离地面的高度仅有 36 米，两架飞机尤其机翼的距离则更近。如果不是 A320 机长应变及时，果断拉升 A320 飞机。那么满载乘客和机组人员约 500 人的两架飞机就会发生碰撞！而 39 年前，在西班牙一个机场，就有两架飞机因为在跑道相撞，造成 583 人丧生。

事后民航局连夜展开调查，东航两客机险相撞，是一起塔台的管制员遗忘飞机动态、违反工作标准造成的人为事故，性质极其严重，将此事认定为最严重的 A 类跑道侵入事件。

据报道，在塔台管制上，一般都是有两个管制员一同工作，分为主班和副班。通常情况下，主班负责通话，副班负责协调和监督，真正负责指挥的就是主班的一位工作人员。根据概率原理，假设一个人出错的可能性如果是10%，而两个人同时出错的可能性是10% ×10% =1%。即使在这样的一个双保险的情况下，这起不该发生的事件还是发生了。

塔台管制工作技术难度不高，但劳动强度高。劳动强度高，就意味着“忙中出错”的概率比较高。在这种情况下，“沟通指令复核化”尤为重要。

杰克·韦尔奇说：“管理就是沟通、沟通再沟通！”从某种角度讲，沟通是管理的核心。而防止沟通出现错误的一个基本方法就是“沟通指令复核化”。

美国质量管理大师威廉·爱德华兹·戴明指出：“85%以上的质量问题和浪费是由系统原因造成的，只有15%是具体岗位上的问题造成的。”“系统原理”“系统原因”给人感觉好像有点抽象，我们可以通俗地理解为不同部门能够有效协调，而不是各自为政。而各个部门的有效协调，同样需要在岗位责任制的基础上，实现“岗位责任化”和“沟通指令复核化”。

很多企业往往不缺制度和对策，缺的是对制度和对策的有效执行，反过来讲，制度、对策没有有效执行，很大程度上是管理层的责任。

## 巧匠，善于找到解决问题的好方法

成功的人面对问题，会习惯性地去寻找解决方法，而失败的人则习惯性地去寻找各种借口。成功的人为想不出解决方案而苦恼，而失败的人则为无法找到推脱借口而苦恼。成功者找到了方法，问题解决了；失败者找到了借口，但问题却不会因为借口而解决。这个世界上，最有用的东西是方法，最没用的东西是借口。

想让一个人成功，就给他一条路；想让一个人失败，就给他若干条路。因为，成功者往往是因为没有了选择，或是不给自己更多的选择，专注并执着才取得了成功；失败者却多是因为有太多的选择与退路而失败。

选择太多不仅无法专注，更会让人无法正确选择与坚定信念，专注做好一件事，才会有机会去做好第二件事。

人才真正的定义，就是成为最好的自己。每一个人都应该有一个机会在这个世界上做一些有影响力的事情。每一个人都能够找到自己的兴趣，如果能够激发自己的潜力，他就能够从一个平凡的人变成不平凡的人。这个潜力几乎每个人都有，只是不知道有没有机会实现。

每个人都有潜在的能量，但很容易被习惯所掩盖、被时间所迷惑、被惰性所消磨。

不要只把目标定为完成一件新的事情，若要有惊人的成果，一定要力求突破，努力去做现在看来不可能的事。

人生重要的不是当前所站的位置，而是所朝的方向。

人最大的天性就是贪婪，可是如果你没有足够大的手，即便给你再多，你也拿不下。

人要学会三件事：①学会关门；②学会计算；③学会放弃。

人生之苦在于三苦：一苦：你得不到，所以你痛苦；二苦：得到了，却不过如此，所以你觉得痛苦；三苦：你轻易地放弃了，后来却发现，原来它在你生命中是那么的重要，所以你觉得痛苦。

人生三重境界：开始看山是山，看水是水的人是庸人；然后看山不是山，看水不是水的人是伪装的智者；最后看山还是山，看水还是水的人才是真正的智者。

可以改变的去改变，不可改变的去改善，不能改善的去承担，不能承担的就放下。

### 改变需要行动力

改变一个人固有的思维和行动模式，总是不那么容易。因此作为管理者，要不断地研究和探寻更好的激励方式，鼓励大家去改变。一般来说，人们不愿意去改变，一方面是因为习惯，另一方面是因为诱因不够。所谓诱因不够是指没有动力去改变。我们需要让他们真正体会到新的方法会带来更好的结果，一旦有了成功实践，就能推动人们主动改变惯有的思维和行动模式。

当你准备改变时，其实你就拥有了众多的机会，你会散发出非常强大的能量。每当我们得到一个机会，把它当成一次获取经验的学习过程。你必须爱上你所做的事，这样一切才会变得容易。或许，为你所做的事找到意义是最好的方法，而这也是在做出改变时要做的最重要的一件事。

企业的成功，大部分情况下，都是一群优秀的人汇聚到一起做出了一件伟大的产品。不论这群人多么有才，他们必须同心协力专注在一个正确的产品方向上，才能造就巨大的成功。

一个差的结果，也比没有结果强！所以有行动能力的人永远都是先走再说。

## 大工匠，都是诞生于现场

在企业的现场管理中，不要试图将物品有条理地堆叠起来，那会使杂物越积越多，而堆积越多的物品往往越不会被管理者关注，本来拥挤的生产现场也会变成货仓。此外，生产现场太多的物品和杂物会令人心情烦躁，心灵缺乏力量。所以，生产现场尽量放最少的物品，这样生产现场作业人员的注意力、积极性、品性和品行都会提升，这是迈向有效管理的第一步。这一步跨不出，一切所谓的管理都是虚的。

生产现场是企业生产力的载体，是员工直接从事生产活动、创造价值与使用价值的场所。企业向社会和市场提供的商品要通过生产现场制造出来，员工的精神面貌、道德、作风要在生产现场培养和体现出来，投入生产的各种要素要在生产现场优化组合后才能转换为生产力，所有这些都要通过现场有效的管理才能实现。现场管理水平的高低，直接关系到产品质量的好坏、消耗与效益的高低，以及企业在市场竞争中的适应能力与竞争能力。由此可见，优化现场管理是企业整体优化的重要组成部分，是现代化大生产中不可缺少的环节。它对于加强企业管理，提高企业素质和经济效益，有着重要的意义。

现场管理落后集中反映在：现场纪律松弛、生产效率低、质量差、投入多产出少、效益低、生产不能适应市场变化的需要，具体表现在以下几方面：

### 1. 现场生产秩序混乱

员工干活无计划，操作无标准；职责分工不明，遇事推诿，规章制度不能严格执行；供应不及时，生产不均衡，工时利用率低，安全、质量事故频发。

### 2. 现场工艺布局不合理

设备布局、作业路线不合理；物料、半成品乱堆乱放，工具箱、更衣箱参差不齐；门上有尘土，地面有油污，杂物堆积，通道堵塞，作业面积狭窄，环境条件达不到规定标准的要求。

### 3. 现场存在浪费现象

用人过多，有人没活干，有活没人干，停工等待，无效劳动；生产过剩，库存积压，资金周转慢；物料消耗高，产品档次低，不必要的装卸搬运，出现大量的废品和不良品；长明灯、长流水、到处“跑、冒、滴、漏”。

### 4. 现场生产人员的素质亟待提高

必须改变人们不符合精益生产和文明生产要求的旧观念、旧习惯，克服“惰性”、作风散漫和纪律松弛等毛病，增强凝聚力，提高思想和技术业务素质。

企业要在激烈的市场竞争中求生存、求发展，就必须向市场提供质量好、品种多、价格便宜、能按期交货的产品，而这些产品是在生产现场制造出来的，要靠现场管理来保证。因此，现场管理水平的高低决定着企业对市场的应变能力和竞争实力。

为什么在同样严峻的外部环境中，有些企业的经济效益连连滑坡，生产难以为继；而有些企业则应对自如，其产品仍能在市场上畅销不衰？原因之一就是这些企业有一个良好的后方基地，注重现场管理，能及时地调整产品结构，开发新产品并不断地提高产品质量。

所以，现场能直接创造效益。现场是产品生产的场所，企业要降低生产成本、按期将产品交付给顾客，并且产品质量要达到顾客的要求，这一切都要在现场实现，企业也正是从现场获得产品的附加值而得以在社会上生存和发展。现场还能提供大量的信息。俗话说“百闻不如一见”，间接的信息不一定都是真实的，要想获得准确的第一手材料，只有到现场去做深入细致的调查了解。现场是问题萌芽产生的场所，是企业生产经营活动的第一线，无论什么问题，都是直接来自现场，出现问题时如不及时采取对应的措施而任其发展，向着好的方向发展的概率要比向坏的方向发展的概率小得多。现场最能反映出员工的思想动态。人是有感情、有思维的，一个人所做的不一定是他认为是最理想、最顺心的工作，如果他感到不称心，心里就可能别扭而意气用事，这有意识或无意识地会反映到他的工作上，会直接或间接地影响产品和生产效率。

## 工匠，耐得住寂寞

我在朋友推荐下看了刘慈欣的作品《时间移民》。《时间移民》是刘慈欣 2014 年出版的作品，这是他二十余年创作生涯的精华之作。在这本书中，刘慈欣提出了未来世界人类社会最神奇的可能性。故事讲述了由于环境恶化和人口压力，地球政府决定派出远征队伍，选取 25 岁以下的人类成员向未来移民。移民队伍进行了多次停留，但每一次的停留环境都不适合人类居住，最后一次航程，“移民大使”把时间锁定在未来 11 000 年。在未来的这个时间，地球基本恢复了原始生态，人类开始了新文明的起点。

4 月 23 日是“世界读书日”，30 本年度好书在央视一套黄金时间“2014 中国好书”颁奖盛典中揭晓。中国科幻第一人、九届银河奖得主、科幻作家刘慈欣的作品《时间移民》再次获奖。

看完《时间移民》，我对刘慈欣本人产生兴趣。刘慈欣，1963 年生，已经获得了国际科幻界最高荣誉——星云奖和雨果奖的双提名，并在 2015 年，凭借《三体》获得第 73 届雨果奖最佳长篇小说奖。他单枪匹马为中国科幻文学杀出了一条道路。但是，这样一个被马化腾等中国科技领袖关注的人，至今蛰伏在山西娘子关发电站，正式职业仍然是一名电气工程师。

我赞赏一切胆敢在时间中蛰伏的人，他们不会像那些盲目的热分子一样四处乱撞。他们如果要去寻找，也一定会去到无人抵达之处，寻找尚未被人踩踏过的地，发现无人问津的秘境。

那些才华横溢、有所作为的人，都是会享受和利用孤独的人。他们在孤独时积蓄能量，并在孤独时爆发和绽放。那些害怕孤独，在网络中、饭桌上、歌厅里寻找存在感的人，多半会淹没于芸芸众生之中。

在时间的长河里，只要利用好自己的所长，你就会取得成功。而我们又常常发现，很少人能迅速、确定无疑地回答出他们的所长在哪里，更谈不上能够坚持。其实，你喜欢做的事和你能够做好的事之间可能没有多少联系，但是你能做得轻松的事和你能做得好的事之间却绝对有联系；你不喜欢做的事和你做不好的事之间的联系也比较密切。

任何时代都需要面壁者，用他们的理性找到人类前行的密钥，用他们的冷静推动人类不断地进行反思和走向更加灿烂的文明。

从平凡到非凡，每个人都在刘慈欣身上看到了梦想成真的可能性。

兴趣可以让你选择人生方向，但只有努力才能让兴趣选择你。

刘慈欣的成功，也再次验证一句话：顶尖的人永远有位置。

## 成功者不可能告诉你如何成功

成功者的确会坦诚地将自己落魄的过去和辛酸的奋斗史讲述给你，他们会用自己精彩的人生来激励后辈或者指点后辈，但是成功者的故事远比我们想象的精彩得多，更比我们听说的精彩得多。正是这些“不足为外人道也”的故事，在特定的关键时刻帮助他们成为今天的他们，甩开了没有此机缘的人。而这些故事，他们未必会讲。成功者传记大都经过精美包装，而特殊背景或者特殊机遇在关键时刻的特殊作用，他们一定不会介绍。

与其信奉一个远离自己实际生活的故事，不如相信自己手边就蕴藏着改变的力量；与其模仿一个脱离自己境遇的榜样，不如马上着手践行。

真正陪我们在现实生活厮杀的只有自己和爱我们的人，真正让我们向梦想奋进的只有我们自己的实在力量。

## 工匠，是“做”出来的，不是“坐”出来的

树人品，才能出精品。想要有一流的技术、一流的质量、一流的产品，我们就必须要有正确的质量观念，对于产品，我们必须第一次就把质量做好，避免返工而浪费材料、时间和人力。

不管在什么情况下，人的因素是第一位的，人是管理机器的主体，人决定质量，而非机器决定质量，质量也是一种责任心的培养。

在生产过程中，要做到眼到、心到、手到，我们要多观察、注重细节，通过眼睛去巡视现场每一个环节，也可以随手记录下来，发现问题及时纠正。

坚持“不生产不合格品，不放过不合格品”的工作原则，坚持“一天做到，天天做到”的质量工作思路，做到从我们手中通过的产品都是高品质的产品。

我们每一个作业人员都要有把下一工序当成自己终端客户的心态，换位思考，假设这个产品在市场上是自己买的话，会满意吗？我们是产品的生产者，我们要对得起我们的良心，要对得起信任公司的用户。只要每一个人都有这种心态，公司的品质将会上升一个台阶。

人为本，质做基，企业大厦平地起！质量之于企业，犹如健康对人的生命一样重要。

一粒种子，只有深深植根于沃土，才能生机无限，而一名员工，只

有置身在企业文化和自身理念合拍的氛围中，才能如鱼得水，快速成长。

未来的市场竞争，是核心技术的竞争，是能否持续地推出满足市场需求的新产品。产品研发不一定要走高精尖路线，只要有市场的产品就是好产品。脱离市场谈产品创新，如同纸上谈兵，毫无价值。作为公司的技术人员，关注市场、紧跟市场，掌握满足市场需求的技术知识，这些都是必须要具备的能力。而这一切，任重而道远，需要技术人员时刻保持一种危机感，不断学习、不断超越！

有一位电线电缆行业的技术人员和我分享了他的工作体会：

第一，做技术工作需要沉下去，苦练内功，夯实基础，做到厚积薄发。技术人员要深入生产一线，扎根生产，收集、总结并分析来自于生产实践的数据，静心、用心去参与技术验证、创新和创造工作。同时把所总结的经验和结论用于服务生产，帮助生产解决问题。对技术人员来说，成功是靠自己动手“做”出来的，而非“坐”出来的。技术方案的策划离不开生产，实施和验证也离不开生产，技术水平的提高同样离不开生产验证。

第二，要主动，不自我设限，这里讲的主动是多方面的。平时工作中要积极探索，搜集国家发展、行业发展的相关信息，紧跟国内外线缆技术发展动态，坚持始终以市场需求为导向，注重新产品研发，不断采用新技术、探索新工艺、运用新材料，开发出满足客户需求的产品，用来提升公司在市场中竞争力。工作中要勇于创新，创新是将现有的新技术、新材料以及新工艺组合起来，或是将别的行业成熟的技术应用到电线电缆生产中来，这也是一种创新。工作中要主动与客户做好交流工作。这里所讲的客户，一是外部客户，二是内部客户。技术人员是连接外部客户和内部客户的桥梁。客户有问题，技术人员要争取参与，帮助他们一起策划解决问题的方案，客户的需要就是我们最大的需要，就是我们提升品牌和创造价值的好机会，要多参与售前技术交流，深挖客户需求，了解产品使用环境，解答客户疑问，和客户一起购买我们公司的产品；还要参与售后，让客户觉得我们和他在一起，选用我们的产品没错。

# 第七章

## 大匠眼中，人皆可成才

站在一堆木料前，木匠说："在我眼里每一块木头都是有用的，平整的木头可以做椅面，较长的木头可以做椅腿，短木可以做横档，连一块小木头，都可以做加固用的木楔，一句话，只要你用得恰当，都是有用的木头。"对于企业而言，员工是根本；对于匠心管理者而言，只要把人放对位置，就能做到人尽其才，各有所用。

## 伟大企业，需要伟大的员工

据调查，90%的公司认为，制约企业发展的最重要因素是缺乏高素质的职业化员工。一个成熟的企业必须有清晰的战略和职业化的员工。产品可以通过技术人员生产出来、市场能通过市场调研和销售策略开拓出来、企业文化可以努力营造与积累，但这一切都要以员工为基础。

伟大企业都有一个共同的特点，那就是建立一种机制——把员工的职业发展通道明确化，每个职业发展通道的任职资格都要清晰化，让员工都知道，通过自己的努力，达到这个要求就可以晋升，员工个人的命运完全掌握在自己的手中。

所谓“任职资格”就是“任——职——资格”，胜任（不是担任）——岗位的关键职责——所需的资格资质（即能力素质），也就是说“任职资格”其实分三部分：胜任标准、关键职责、能力素质。

在如今这个全球化、数字化的时代，人才正在成为关键的竞争力。

我们一定要有“人才资产管理”这个概念，首先把“人力”转变成“人才”，聚焦于“才”而不是“力”。“人才”不仅局限于技术或管理人员，而是要把所有的人员都当成人才。把人看作资产可以解放我们的思想，让人更加注重长期、可持续的成功，而不只是看到一时的利益。

资产可分为有形资产和无形资产，人既是有形资产也是无形资产。无形的例如人的态度、情绪、信念、知识、经验、健康及一些隐性的能力。有形的例如口才、举止、行为、技能、外表或一些显性的能力。

资产的价值分为经济价值和非经济价值。员工除了直接的经济价值，也有感情、精神、关系、历史、文化等非经济价值。在人员的管理上，企业不仅要经营其直接的经济价值，也要用心地去经营企业文化、员工关系、思想动态、价值观等非经济价值，这样才能真正长治久安，永续发展；才能激发他们自发地、主动地、协同地去工作，从而为公司创造更多的价值，同时也创造出属于他们自己的更高的市场流通或市场认可的价值，这是“人才资产管理”的双赢模式。

许多在财务管理方面做得出色的公司，并没有一套相应的人才培养方法。许多公司将员工放在错误的工作岗位上，导致了人力资本与财务资本的双重浪费。将对的人放在错误的岗位上，他会受苦受累、心力交瘁。时间长了，合格的人也会感到厌倦，要么他离开，要么同流合污。

人才是一家公司最重要的资产，而用好人、解读人、培养人，远比编制和分析财务报表上的数字要难得多。

所以，人力资源管理者要避免用过去老旧的或者机械的测试方法、老师教学生的授课方式去评估或培养人才。简言之，人才管理和培养要努力跟每个个体建立亲近关系，以便了解每个人的本质和追求，包括他们的家庭状况、兴趣、好恶、技能、优势、心理倾向、工作满意度、发展需求等。用观察和交流的机会来发现人才，并用“量体裁衣”的方式将他们储备起来。

此外，很多公司都将人才的培养和管理系统分割开来：“今天我们讨论人才，明天我们讨论销售，后天我们讨论技术，下周我们讨论财务、文化以及战略、预算等。”其实，技术开发、财务评价、管理活动的参与、跨部门合作、组织绩效、战略的讨论、与领导的沟通交流、文化的创新与发展等工作流程和人才培养流程要有效地结合起来，整合成一个连续、整体的人才培养系统，这是未来人力资源管理者要做的、要考虑的和要摸索的事。

### 坚持以人为本的管理精神

管理的艺术在于沟通的技巧和真诚。

管理就是用合适的方法管人管事。对于不同的部下，应采取不同的管理方法。管理的主要技能是宽容地对待部下所短，充分发挥部下所长。

管理是对人的管理，以人为本是管理者的核心管理精神。

管理者自始至终要把人性化管理放在第一位，尊重员工是管理成功的关键。没有不适合的员工，只有不适合的管理者。不善于倾听不同声音，是管理者最大的无能。

管理就是把复杂的问题简单化，把混乱的事情规范化。

管理者要把精力多用在引导员工的思维和反思自己的管理行为上，而不是盯着员工的行为和缺陷。

管理的最高境界是把不可能的事情变成可能，能够让员工把简单的事千百遍都做对，就是不简单的管理；能够让员工把公认非常容易的事情认真地做好，就是不容易的管理。管理最好的状态是正常，最有效的手段是平衡，最高的境界是自然。

一个单位存在的问题，少数是普通员工的责任，大多数源于管理者和管理制度。不要抱怨员工不尽力，而要检查管理方式是否合适。

问题管理，管理问题。承担责任不是在问题出现之后，而应该是在问题出现之前。管理无小事，许多大事就在小事之中，没有思路就没有出路。

团队各自责，天晴地宁；团队各相责，天翻地覆。

## 具有匠心的人才爱学习

什么是人才？人才是指具有一定的专业知识或专门技能，进行创造性劳动并对社会做出贡献的人，是人力资源中能力和素质较高的劳动者。

员工已不仅是资源，更多的是资本，而资本运作后产生的价值是巨大的。

对于任何一个职场人来说，都会遇到天花板，不仅是能力天花板，还有职位天花板。要注重这些天花板人才，在给这些人才物质激励的同时，更重要的是要给予关注、给予挑战、给予光环和荣誉感。给予他人荣誉，是最便宜也是最有效的激励办法，有时候金钱不是万能的。

要留住人才，一定要建立人才供应链，有充足的供应，留住人才不难。

招对了人，才能留得住人，否则会造成人力的浪费。事实证明，人才招聘的成本远远大于人才培养。所谓对的人，其实就是价值观与企业匹配的人。价值观匹配，被视为招聘工作的经典法宝。招聘不是单向的交流，也非拍脑袋的决定，而是要双方敞开思想沟通。

不得不承认，墨守成规似乎是人类的天性，大多数人都不喜欢改变，人们把变革视作挑战、阻拦和障碍。

一个不会表达愤怒情绪的人是不会成功的，因为愤怒在很多情况下等同于激情。

每个人都要学会自主管理的要点：第一，每个人必须有明确的目标；第二，每个人都要把对别人的承诺看得与对自己的承诺一样神圣；第三，真正让自己去承担责任，让自己去决策自己的事。

如果一个人对一个公司的价值观比较认同，他就往往会愿意为这份事业牺牲小我的需求。

学习，是最高效的挑战，而挑战，则是最刺激的学习。

人是一种复杂的“动物”，具有多变性，他们会随着家庭、工作、情绪的变化而变化，他们有血有肉，更渴望被关注、被理解。当员工无法得到情感关注时，他们就会更关注自身能够得到的利益。

成本增长是大势所趋。企业盘活现有的人力资源，将人力成本转化为人力资本，把现有人才的产能提高，是比较务实的做法。

目前，专业化技术人才短缺，而具有一定行业经验的管理人才则更加短缺。

人与人之间的友谊，可以不疑，但制度上的监督却绝对不可少。友谊归友谊，制度归制度。

决定一个人在任何领域、任何岗位上的绩效表现，在众多因素中，情商的重要性是智商的两倍，而团队绩效的40%，也是受情商影响的。

当企业没了方向，即失去了拉力；公司缺乏有效的激励机制，即失去了推力；当员工没有考核，即失去了控制力；干好干坏一个样，即失去了压力，此时，管理就失去了平衡力。

一个人身上出现了瘤子，一定要忍痛割除掉，才会使身体重新康复。员工亦如此，不给员工压力并非对员工负责，反而会滋长其惰性而使其失去成长的机会。因此，适当的“狠”犹如一剂良药，虽苦但治病为先。

所谓知人善用，很多时候建立在个人经验和感性认知的基础上。

压力不等于效率，而高压常常成为效率的绊脚石。

最佳的人才保留办法是使用好人才，不断给予其挑战性的任务。对于人才的保留，给予挑战性任务是最有效、最经济的办法。

在人才面前，若你比竞争对手给出的工资高一截，那么一年之后回头看，你获得的利润就会远远高于付出的成本。企业最高的成本不是给合格员工发高工资，而是给大量不合格员工发低工资。

如果一个人的职业生涯规划很好，中途也没有被打扰，他就能渐入“佳境”。渐入“佳境”需要时间，就好像睡眠，人们会先进入浅睡眠，然后逐渐进入深度睡眠，任何干扰都会让他从头开始，这就是为什么干扰是最大的敌人。

学习，最好从工作中体验到真知，这比看长篇大论管用。

关于人才培养，如果你都为员工想到了，那么他们自然不会离开你。

一个企业管理不好人才，这个企业的未来不可控。

## 匠人，不能管，只能理

知人还是不够的，知人如果不善任，等于不知人。

什么叫人力自动化？人力自动化就是领导不在的时候，员工也能认真做事。我们自己深更半夜工作其实没有什么了不起，员工为我们深更半夜工作，我们才了不起。

一流的领导训练出来的绝对不是尽力而为的人，而是全力以赴的人。

一个很谨慎的人，他的人生不会有太多遗憾。

企业在培养人才上无非是两大方向：重品德，重才能，也就是说，重做人或重做事。

心目中有别人，要用态度做出来，不能光靠嘴巴说。

企业中应该形成一种氛围，叫作“有本事你就会出头”。本事跟能力是不同的，能力只表现在工作上，而本事还要表现在道德、团队精神、人际关系等方面。

有的人，在普通人看来没有什么人格魅力，他却能够任用比他能干的人，能够让人为其卖命，这其实是最厉害的。

没有绝对的好习惯，随着环境的变化，我们如果不能及时改变，好习惯也会变成坏习惯。

企业经营和管理本质上就是对人的经营和管理，就是对人心的经营和对人性的管理，悟透了人事，就是找到了经营和管理的根。

## 管人的奥妙

星云大师出任东方佛教学院院长时，学院里有好几百人，如何管理好这些人，成为星云大师的首要工作。

一天，报纸上刊登一则消息：一周后，美国白雪溜冰团将到高雄表演。白雪溜冰团名气很大，每次表演场场爆满。一天下午，星云大师路过学院餐厅，听到一位女同学对另一位同学说："几次想看表演，都错过了，这次要是再不去看，我会遗憾的。""可是，学院有规定，学生上课期间是不准请假外出的。""这个我知道，但是我实在想去看啊。"

星云大师暗中打听到这个女孩叫廖秀姬。3 天后，他把廖秀姬叫到院长室，拿出一张纸条和一些钱，告诉她："学院缺少一些文具，我都写在纸上，你帮我跑一趟高雄，按照纸上列出的清单，将文具买回来。剩下的钱，你就顺道在市区玩玩再回来，我批准你休一个星期的假。"

廖秀姬先是一愣，继而明白了星云大师的用意，她高兴地跳起来："是！谢谢院长，我明白您的意思了。"

从高雄回来之后，廖秀姬在学习上比其他同学更用功，表现也越来越出色。

在一个有尊严的环境里，被管理者也会心存恭敬，努力向上。星云大师对此深有体会："处人不可任己意，要洞悉人之常情；处事不可任己见，要明白事之常理。与人相处，如果能将心比心，互换立场，互相维护彼此的尊严，自然能化戾气为祥和。”

未来企业对人才要求大大提升，必须是复合型人才，不是“一专多能”型，而是“多专多能”型。

所有的企业都在喊“创新”，该怎么认识这个词？仅仅是技术创新，不能叫作创新型企业，真正的创新，需要培养自己的人才。把企业人培养成企业的人才，是利于千秋的大事，企业应该有这样的胸怀。

要想成才，必须改变坏习惯，培养好习惯，坏习惯是拖延的习惯。好习惯是健身的习惯、阅读的习惯、早起的习惯、写作的习惯。

拖延的成因主要是高估了自己的能力，低估了每项任务所花的时间。拖延成为我们独立发展的最大障碍。你必须要改掉这一习惯，长期拖延总有一天会毁了你。

即使你已成为成功的人，如果没人能够分享你的喜悦，你也不会成为一个快乐的人。我们每个人都会有自己的经验之谈和知识，这些经验能够启发他人，但是多数人并不会将这些经验与他人分享。

很多聪明人不能成事的关键是，缺乏认真刻苦、深入钻研的工作态度。

你有一个思想，我有一个思想，大家就会有两个思想，这就是知识的互补性，彼此之间相互支持、理解，就会共同进步和提高。坚持做这十件事，五年后你会感谢自己：①阅读；②旅游；③学习；④社交；⑤创造；⑥分享；⑦保持健康；⑧理财；⑨寻找良师；⑩不要拖延。

要想成为“多专多能”型的人才并不难，难的是坚持走“多专多能”型人才的成长之路。

## 复合型匠人，企业的未来

2014 年 8 月，李克强总理在铁路总公司考察时说："我每次出访都推销中国装备，推销高铁时心里特别有底气。"尽管高铁出海已成举国共识，但《中国经济周刊》2014 年 12 月 30 日报道的一个关于高铁销售的案例却让人体会到中国高铁和中国装备走向海外任重而道远。文章说，2012 年年底有一个北欧项目，南车株洲电力机车海外营销团队经过两年多的艰苦努力，离竞标成功只有一步之遥，最终却因方案翻译错误而被对方技术专家否定。"比如说，刮雨器被翻译成抹布，这就是典型的中式翻译。"如此黑色幽默让人哭笑不得，但却是不得不面对的事实。

可见，高铁是国家实力的竞争，也是市场营销的比拼，更是人才实力和完美解决方案的比拼。

中国高铁走出去不仅能带动装备和劳务出口，更会在国际市场竞争中不断提升自身的综合实力。

一个既懂技术，又能用英语顺畅交流的人才对企业来说是多么的宝贵。而我国很多制造企业存在产品好，但编写的说明书差（没特色），技术指标没亮点，产品功能不完善，最后卖的人更没有水平等现象。

未来，企业之间的竞争愈发激烈，而企业竞争与发展的核心是人才，因此，复合型的人才对企业的发展至关重要。什么是复合型人才？就是在各个方面都有一定能力，在某一个具体方面更是出类拔萃的人。

人才是企业的第一资源，是企业发展的基础和核心，具备了一流人才队伍的企业才真正拥有了核心竞争力和持续发展能力。培养知识广、跨领域、精技能、高素质的人才队伍，是企业发展过程中必须要做的事，而且是尽早要做的事。

### 高潜力人才的六大特质

1. 正确的动机：对于追求非利己目标，具有强烈的使命感。自私的人绝对无法成为伟大领导者。
2. 好奇心：永不满足地追求创新，并以开放的胸襟面对学习和变动。
3. 洞见：能够从搜集来的各种信息中，看出他人看不到的关联或机会。
4. 认真投入：善用情感和逻辑，传达具有说服力的愿景，与他人建立联结。
5. 决心：即便遭遇挫折也要达成目标，从逆境中重新振作起来。
6. 潜力：适应不断变化的经营环境，并让自己具有胜任愈加复杂的角色的能力。

## 匠人心得：只要会雕琢，就没有无用之材

人才在企业中的作用主要表现在以下方面：

人才是促进企业经济增长的主要因素。人才作为掌握较多科学技术

和管理科学的劳动者，他们把自己所掌握的理论知识投入到实践生产过程中，使企业产品技术含量大大提高，从而节约了生产成本，降低了社会必要劳动时间，提高了企业的经营效益，推动企业健康快速发展。

复杂性劳动具有不可替代的独特作用。在企业的生产过程中，劳动有简单劳动和复杂劳动之分。复杂劳动是一种“需要耗费或多或少的辛劳、时间和金钱去获得技巧和知识”才能从事的劳动，即只有经过训练而有学识的劳动者才能从事的劳动。正因为这一特点，才使能够从事复杂劳动的各类人才显得特别珍贵、难得。人才在从事复杂劳动中起着不可替代的作用。

但是在现实中，一些企业一方面叫嚷着人才危机，另一方面却又在有意无意地浪费、埋没和压制人才，其原因在于：

重视人才的学历，忽视人才的能力。在人们的观念中，常常认为高学历就等于高素质，然而这实际上是一个认识误区。通常情况下，企业单位在用人时，往往过多地注重人才的学历，忽视人才本身具有的素质和实际工作能力。因此，我们在选拔和用人时，一方面要把学历作为一个标准，另一方面也不能一味看重学历，应该注意个人的工作能力和综合素质，要全面、客观、实际地考察一个人的才能。

主观意识上观念守旧。对年轻人不放心、不敢用，有的甚至出于私心，害怕年轻人超过自己，占了自己的位置。对于刚刚离开学校到企业工作的大学生，若不注重早期培养，压重担子，那么在四五年内最容易跳槽。

要造就出类拔萃的企业，就必须本着求贤若渴、唯才是举的态度，建立健全企业的人才机制，其主要途径为：

探索有效的选才机制。在一个单位，以下三种类型的人居多：第一种人是潜在能力大而又严于律己。他们会把工作当成一项事业而不仅是职业，从而不断给自己提出新的目标要求，努力学习新的知识充实自己、提高自己。勤恳踏实，持之以恒，主动考虑问题，大胆提出建议，不断创造新的工作成绩。第二种人是虽有一定的潜在能力，但对自己要求不高，精神不振、墨守成规，对工作被动应付、不得已而为之。第三种人是工作比较踏实，也有吃苦精神，但由于潜在能力不大，完成日常事务性的工作只能靠加班加点来完成，很难有精神考虑更多的问题和承担更重要的工作。显然，第一种人成为骨干人才的可能性最大，是需要我们去悉心发现并给予关注的人才。

要建立创新人才的培养机制。首先，制订创新人才计划，确定所需人才。领导者要掌握企业的初创期、发展期和成熟期用人的不同标准和方法。其次，严格选聘人才，把好招聘关。每年根据企业生产经营的要求，做好新员工的选拔工作。最后，加强企业内部培训，提高现有员工素质。建立起全员培训体系，更新员工的知识结构，提高他们的技术创新能力、管理创新能力以及新知识快速吸收能力。

健全企业的激励机制。企业要有所发展，就要采取分级管理。适度合理的放权能够促进工作机制的协调快速运行。同时，企业也应加强企业文化的人文关怀，这也是重视人才的一部分，能够让人才自愿地为企业创造更多的效益。

同时，企业还要有识人的能力，小才通技、中才通策、大才通略、超才通道，各类人才都不可或缺，要合理使用好各类人才。

随着科技的发展和知识的更新，企业培养人才要有各方面知识支撑。首先要培养他们多读书、善读书的好习惯。读书不但要读“有字书”，还要读“无字书”。靠眼增“见”，靠心悟“识”，悟出企业“之识”，悟出天下大势中的企业之“识”。

说一千道一万，人才培养是一个系统工程，要因时、因地、因企而异。

管理学有句名言：“放错了位置的人才等于垃圾，只要我能管理，没有无用的人才。”这是企业在用人之道上需要把握的。

在一个单位中，各方面的人才都会有，甚至可以说，人人有优长，人人是人才，就看你能否发现。作为领导者，不但要善于用人之长，而且还应善于发现和挖掘潜藏于短处的优势，大胆取他人之“短”，用他人之“短”，正确使用人才，充分发挥每个人的优势，这样人才才会层出不穷，这个单位的工作才会出色。

一位专门从事人力资本研究的学者说过这样的话：“发现并运用一个人的优点，你只能得60分；如果你想得80分的话，就必须容忍一个人的缺点，发现并合理利用这个人的缺点和不足。”这话既有新意，又富哲理。

扬长避短是用人的基本方略。然而，在现实生活中，人的长处和短处并不是绝对的，没有静止不变的长，也没有一成不变的短。在不同的情景和条件下，长与短都会向自己的对立面转化，长的可以变短，短的可以变长。这种长与短互换的规律，是长短辩证关系中最容易被人忽视的一部分。用人的关键并不在于用这个人而不用那个人，而在于怎样使自己的每个下属都能处于最适当的位置，发挥最大的潜能。因此，一个开明的管理者应学会容忍下属的缺点，同时积极发掘他们的优点，尝试用长处弥补短处，使每个人都能发挥专长。有人性格倔强，固执己见，但他同时颇有主见，不会随波逐流，轻易附和别人意见；有人办事缓慢，手里不出活，但他往往办事有条有理，踏实细致；有人性格不合群，经常我行我素，但他可能有诸多发明创造，甚至硕果累累。管理者的高明之处，就在于短中见长，善用其短。

人，有了缺点或短处并不可怕，可怕的是人们对缺点或短处的歧视和偏见。人生可供利用的资源不只是人的优点和长处，还有人的缺点和短处。只要缺点和短处被利用得好，用得其所，也能成为人生一笔难得的财富。

金无足赤，人无完人。人的长处固然值得发扬，而从人的短处中挖掘出长处，由善用人长发展到善用人短，这是用人的最高境界。长短互换的规律告诉我们，任何时候、对任何一个人都不要僵化地看待，不要静止地看待一个人的长处和短处，要积极地创造使短处变长处的条件，同时也要防止长处变短处的情况发生。

善于利用别人的短处，这是一种态度、一种能力、一种方法，需要积极地通过提高自身素质来实现。

## 案例

现实生活中，善用人短的大有人在。美国柯达公司在制造感光材料时，需要有人在暗室工作。但视力正常的人一进入暗室，犹如司机驾驶着失控的车辆一样不知所措。针对这种情况，有人建议：盲人习惯于在黑暗中生活，如果让盲人来干这种工作，一定能提高工作效率。柯达公司管理层接受了这一建议，将暗室的工作人员全部换成盲人，结果不仅提高了工作效率，保证了工作质量，还给公司增加了可观的利润。在暗室里工作，盲人远胜过正常人，真可谓善用人短，化短为长。

深圳有一家公司，在对全部员工进行综合测评时，除了根据各人的专长与优点分工外，还采用了按照每个人的缺点来编排岗位的办法，千方百计地用人之“短”，达到人尽其才的目的。他们让爱吹毛求疵的人去当产品质量管理员，让谨小慎微的人去当安全生产监督员，让一些斤斤计较的人去参加财务管理，让爱道听途说、传播小道消息的人去当信息员，让性情急躁、争强好胜的人去当青年突击队长……结果，这家企业变消极因素为积极因素，大家各司其职，各尽其力，公司效益成倍增长。

日本松下电器公司副总经理中尾哲二郎就是松下先生善用人短的例证：中尾原来是由松下公司下属的一个承包厂雇用的。一次，承包厂的老板对前去视察的松下幸之助说：“这个家伙没用，尽发牢骚，我们这儿的工作，他一样也看不上，而且尽讲些怪话。”松下觉得像中尾这样的人，只要给他换个合适的环境，采取适当的使用方式，爱发牢骚、爱挑剔的毛病有可能变成敢于坚持原则、勇于创新的优点，于是他当场就向这位老板表示，愿让中尾进松下公司。中尾进入松下公司后，在松下幸之助的任用下，果然弱点变成优点，短处转化为长处，表现出旺盛的创造力，成为松下公司中出类拔萃的人才。

## 匠人，就是活儿做得极为精致的人

一个人如果非常听话，那这个人基本上是没有什么用的，只有真正有才干的人才会跟你争论，这是一个不容置疑的定律。

为什么人才不听话，或者显得不听话？因为他有不同的见解。为什么人才总显得对你的见解有意见？因为他可能看到你的见解中有不足的地方。如果他看问题的水平还不如你，那他算什么人才？这种人能在实质上帮助你的公司、企业提高吗？这是一个很值得大家深思的问题。

一个人看到了你看不到的地方，而且愿意告诉你，不希望你继续错下去，这样的人才算是人才。所以他会显得“不听话”，显得没有执行力。

一个人，你看到的东西，你告诉他之后他才看得到，这种人算什么人才？可能很多人认为会做事就算人才，我不太认同，这样的话人才就泛滥了。对我来说，人才，就是能和你在一个水平线上思考问题的人，不能和你在同一水平线上思考问题，他就不可能完全理解你的想法，就不会看到你想法中的不足。

两个人的沟通，70%是情绪，30%是内容，情绪不对，内容就会被扭曲，过分固执己见是造成沟通不畅的原因之一。

固执是人们在认知过程中无法将客观与主观、现实与假设很好地区分开来。如果将自己这种已有的经验驾驭现实之上，并过分固化的话，就产生了执迷不悟。人本身对事物是有自己的认知的，对事件的态度是由自己的评价来决定的，而且这种评价依赖于其自身的经验。在日常工作中表现为缺乏民主作风、一意孤行，只相信自己，不相信别人。固执是坚持成见、不懂变通的心理现象。

对于观念，固执会造就一个人。

比如勤奋自律的人会比懒惰纵欲的人成功一点，温厚友爱的人会比狭隘阴暗的人快乐一点。

而执着于某些不好的观念，则可能会毁掉自己。

比如，不听取别人的意见和劝解，只认为自己的想法和理解是对的。

在工作中这种情况是绝对不能出现的，固执会对工作带来很大的影响。更为严重的后果是，固执会导致在实现自己预先设定下的目标后，会发现这一目标往往是错误的。

很多时候我们都迷失在固执己见中，与成功擦肩而过。相信自己没有错，但是相信自己和固执己见并不是等同的。顽固地坚持自己的意见，不肯改变，其实也是一种无知，我们不能把无知当成无畏，要勇于时刻反省自己，也许自己做的并不是那么好，也许自己还有很多的缺点没有被发现。

摒弃固执，最关键的是先要有改变自己的态度，才能改变人生的高度；只有改变自己的工作态度，才能有职业的高度。

别总是站在自己的角度看别人，因为你看不懂；要学会站在别人的位置看自己，这样你才能看清。

## 对己对人总有不同

人们总习惯将自己的成功归因于自身，失败归因于环境，而将他人的成功归因于环境，失败归因于自身。

在管理中，用一个自以为是的人，去管理一群不思进取的人，最终是养活了一批不劳而获的人，其结果是害了企业、误了别人。

很多管理者，责任、问题、困难、错误，一定要找个借口，找一个推卸的地方，最好是推卸到别人身上，而不是从自身身上找原因。

好运不会总降临在你的身上，你的努力是唯一能让你站住脚跟的依靠。

在逆境的时候，你要问自己是否有足够的条件。当我处在逆境的时候，我认为我够，因为我勤奋、节俭、有毅力，我肯求知及建立一个良好的人际关系和个人信誉。

扎克伯格是个老板，他的下属可以和他疯狂，可以邀请他喝一杯、两杯甚至是多杯啤酒，但扎克伯格却从不希望自己的员工迟到。

Facebook 名不见经传时，便确立了严格的考勤制度，扎克伯格以身作则，每天早到十分钟，从不犯规。

但总会有人迟到，扎克伯格便开始处罚，对爱睡懒觉的员工进行经济处罚，但这种方式不人性化，员工通常会带情绪工作。

通过私人医生的介绍，扎克伯格知道了爱睡懒觉的人健康上都有轻微的问题，这缘于他们缺乏锻炼。鉴于此，扎克伯格想到了 Facebook 特有的处罚迟到的方式。

扎克伯格专门建立了一间大型的休息室，里面有各式各样的健身器材，如果哪位员工迟到了，按照规定：下班后晚走片刻，在休息室里自觉做完规定的健身项目，而这些，由视频进行监控。

刚刚推行时，管理层不理解这样独具匠心的惩罚，认为这会惯坏了员工。扎克伯格这样解释：惩罚也要愉快地进行，这样的惩罚既可以起到惩戒的作用，又可使他们锻炼身体，身体好了，赖床的毛病自然而然会得到改善。扎克伯格提出了这样的企业文化：做一名健康的员工。

在 Facebook 所制订的所有制度中，都将惩罚娱乐化，也正因为如此，Facebook 才赢得了良好的口碑，对客户，对员工，对个人，都爱憎分明，绝不唯利是图。

# 第八章

## 好产品必然来自好工匠

唐朝诗人张祜曰："精华在笔端，咫尺匠心难。"所谓"咫尺匠心难"，既在于"匠"，更在于"心"。对于管理者来说，匠心管理其实就是用心管理。用心做企业，用心做产品，用心管理员工，心存敬畏，诚信做事。成功的管理者，除本身能干、自信外，还具有一种特质，那就是匠心。

## 要做个好企业，必须做出好产品

有实力的企业拥有现在，有责任的企业拥有未来。

企业要有利润，但利润从客户那儿来，所以，企业只能加大对客户价值创造能力的投入，才会获得好的利润。

企业光靠市场出奇招、打价格战走不远，还得回归产品与技术创新能力去赢得市场和客户。

现在任何一个行业都到了需要精细、精准、卓越的时代。未来中国社会将走向创新，知识型人才在未来十年到二十年这个时间段内发挥的作用是不可替代的，所以企业一定要敢于在人才培养上坚持持续的高投入。

要做个好企业，必须做出好产品。成功企业所有努力的结晶就是好产品。产品是企业与外界沟通的唯一通道，好产品会说话。

企业的核心竞争力是你有的，别人没有。只要大家都有，不论多强，都不是核心竞争力。如果你能，别人也能，是集体无能。所谓能，一定是你特有的。

忽视人的发展是不可持续的发展，未来企业的发展必须依靠员工素质和创新能力的提升。

企业要想多生产好产品，就要多为客户着想，为他人着想，要多关注“利他”，少关注“利己”。

当一个企业用“利己”的理念去经营的时候，最后的结局一定是关门；当一个企业用“利他”的理念去经营的时候，最后的结果一定是生意兴隆。

不管市场竞争多么残酷，企业都不要想着歪门邪道，去欺骗客户，获得短期利益，否则一定被市场所抛弃。我们可以预见，在大浪淘沙的关键时期，会有一大批靠假冒、炒作起来的品牌倒下去。

竞争力是超越对手的一种力量，它不是出自产业规模，而是出自产业质量。

生产多少产品只是走向成功的第一步，重要的是将产品转化为有效的认知，让有钱的人愿意买单，这样的产品才有竞争力。

以规模效应获取利润的时代已经过去，中国制造企业应从关注生产力向关注竞争力转化：一半力量关注产品生产，另一半力量关注品牌价值塑造。

品牌的本质就是一种价值承诺，而要想别人相信你的承诺，就要有“根（文化）、质（性能）、量（数据）”可循。

市场竞争是没有终点的赛跑。

对手的市场就是你的市场，对手的目标就是你的目标，对手的钱就是你的钱，对手的脑就是你的脑，你可以从对手的行为中，寻找出动机，转变成自己的优势，能从对手的趋势中挖掘出自己的目标，转变成自己的市场。所以你要感谢对手，要永远向对手学习。

朋友只能帮你一时，竞争对手却能帮你一世。

## 企业发展要聚焦企业资源

现如今，做大做强是企业界的口头语。在不少场合，我们经常看到许多企业家均饱含着对企业无限热爱和振兴民族经济的情怀，声情并茂地发誓：我们的企业要在 3 ~5 年或 5 ~10 年进入世界“500 百强”，产销突破 1 000 亿元，或者成为中国第一、亚洲第一、世界第一等。没有人会怀疑这些企业家的赤胆忠心，没有人对他们不是充满尊重和敬佩，也没有人认为“过千亿”，进“500 强”或成为“第一”有什么不好，相反，我们认为中国的经济规模与中国企业进入“500 强”的数量不成比例，我们也因此而忧心如焚。

我们唯一疑惑和担心的是，这种“做大”情结会遮挡企业家犀利的眼睛，会影响企业家脆弱的理性，会煽动企业家忘乎所以的激情。在这种“做大”情结下，一种盲目的“低成本扩张”“多元化经营”“品牌延伸”等理论成为企业家们进行战略决策的法宝和圣经。

在企业界，一种个人英雄主义的崇拜在蔓延开来：外国企业能干的我们也能干，而且能比他们干得更好；别人能做的我们照样能做，而且能比他们做得更成功。于是，“人有多大胆，地有多高产”这种非理性的意念和心理定势支配着企业中的每一个人。在一个所谓的项目可行性论证会上，即使有谁战战兢兢地提出："这恐怕不是我们的竞争优势，是否再进行一下市场调研?"在老总们不屑一顾的目光中，这个人就变成了胆怯保守、缺乏创新精神的落伍者。

在市场环境愈加复杂、竞争愈加激烈的今天，企业要想实现持续发展、二次创业以及转型升级的成功，必须完成由感性到理性的飞跃，企业家也必须完成由艺术领导到科学领导、由经验管理到科学管理的转变。企业的任何战略决策和选择必须建立在企业基本价值判断之上。具体的讲，企业资源统一于市场还是统一于技术，是做行业领导者还是行业追随者，是大众化还是差异化，是成本领先还是技术领先，是区域深入还是全面推进等，都是企业在科学分析自身资源能力的情况下必须做出的基本价值判断，而这种价值判断是企业进行战略决策的基础。在这种基础上。企业必须学会放弃，有所为有所不为。企业应该按照决策的原则和程序，选择那些符合企业基本价值取向的方案，而果断地放弃那些尽管充满诱惑但却背离企业价值取向的"禁果"。

企业的资源是有限的，而有限的资源决定了有限的企业能力。"金无足赤，人无完人"，企业和人一样，并不是无所不能。企业的人力、物力、财力等资源要素以及企业的产品力、营销力、品牌力、信息力、学习力、竞争力等能力要素也必定有长有短。因此，企业的选择也应该做到"三个有利于"，即是否有利于企业资源的合理配置，是否有利于增强企业的核心竞争力，是否有利于企业可持续发展。凡是违背其中之一都应该毅然决然的放弃。就像美国通用电气公司这样实力雄厚的跨国公司，也不是遍地开花，它仅仅把有限的资源充分配置给“数一数二”的项目之中。事实证明，那种“脚踩两只船”“鱼和熊掌均可兼得”的理念和做法，势必稀释企业资源，分散企业精力，导致企业在漫长的战线上散兵游勇，元气大伤，而最终被无情的市场淘汰出局。

## 比别人付出更多一点， 产品就会比别人好一点

成功与失败之间其实没有多少差别，成功与失败之间唯一的差别就是成功比失败多一点东西，这一点就是你的付出。

有记者问科比：“你为什么如此成功？”科比反问记者：“你知道洛杉矶凌晨 4 点的样子吗？”记者摇摇头，科比：“我知道每一天凌晨 4 点洛杉矶的样子。”

成功没有其他原因，成功就是比其他人多付出一点。只要你愿意稍微探索多一点，你离成功就很近了。当你接受每一个任务的时候，如果愿意比别人多付出一些，那么你就一定会成功。

成功的大小和你的能力大小，以及你倾注的超出常人心血的程度成正比。

成功源于希望。希望是一个人怀着的愿望，盼望能够获得所愿望的东

西，并且相信他是能够获得它的。一个人对自己所希望的东西能够有意识地做出反应，而他的下意识会主动暗示其产生心理力量，内在的驱动力就能引起行动，这就是希望的作用。

记得看过一部叫作《听风者》的电影，主人翁何兵是个瞎子，而他在听觉上有令人难以置信的特长。对无线电台细小声音捕捉的精准，对不同音频音色微弱差异的辨析令人佩服，于是才会有《听风者》20 分钟处，何兵清早出门同 701 人员玩的那场跟踪与反跟踪的游戏。喧闹集市上每个角落被放大的声音，标示着位置与方向的改变，标示着以各自轨迹移动的路人。将这些信息尽收耳底后迅速做出判断的何兵，才能轻松以残障之躯甩掉四五个健康的人。然而，在一位女主人公的关心之下，何兵眼睛得以复明，眼睛复明后反而影响了他的听力，最终因为失误使女主人公被害。在万般自责之下，何兵残害自己双眼导致再度失明，并在电台旁边坚守两天两夜，最终识得对方的无线电信号。

成功就是比别人付出更多一点，多付出不是乱付出，这种付出源于你对工作的专注，而这种专注建立在“你认为你行，你就行”的基础上。

## 重复的事求精进，生产出来的产品就经得起考验

买了一部苹果新手机需要剪卡，卖手机的营业部工作人员对我说，他们剪卡的成功率是 50%，而我的手机号是用别人的身份证办的，这个人在国外工作，我想万一剪坏了就麻烦了。我又跑到专卖店去询问能不能帮我剪手机卡，他们的回答是成功率为 99%，我想我肯定不会是那 1%，结

果，卡真的就被剪坏了。有时候，看似你的服务、工作和产品质量达到99%，而此时对于我来说就是0。

我曾买了几块普洱茶出国送人，留下一块自己品尝。拆开普洱茶块，发现里面有一根长约15厘米的塑料带，因为这根塑料带，让我对这种世界名茶的质量生出疑惑。如果送给国外朋友的普洱茶中也发现这种塑料带、头发或纸片，那些外国朋友会怎样评论我们的中国名茶呢？十多年前去日本，日本朋友送给我日本茶叶，铁盒上印有茶农自家地址和电话号码，包装和密封都非常好，茶叶很精致，价格也很便宜。也有朋友从欧洲回来给我带来英国红茶，价格10英镑，比普洱茶便宜多了，但很纯粹。

我去一家电缆制造企业参观，他们为国外医疗设备企业配套胃镜用的组合线束，参观时老总和我说了一句让我至今难忘的话："我们不仅是在生产电缆线束，我们出厂的每一条胃镜线束都代表着一条生命，所以，我们是在生产生命线，我们的质量不是用百分数作为分母来考核，这个分母是无穷大。"从他们的现场管理、检验手段、生产环境、员工态度、企业文化中，可以看出，他们对质量要求已经达到极致。

很多事，我们做了不等于做到位了，也不是我们做不好，我们能不能做得再精细一点。有时候，你的那一点点不到位，可能会影响一片市场，影响一个企业的声誉，甚至影响到一个国家的形象。

我们为什么不追求技艺的完美，对细节一丝不苟，在重复中精益求精呢？

有一位手艺人和我说，他一直重复同样的事情以求精进，他总是向往能有所进步，他会继续向上，努力达到巅峰，但没有人知道巅峰在哪里。

所以，你要爱你的工作，你要和你的工作坠入爱河。而命运，也很少辜负这种选择，尤其在精神回报上。好职业和好市场是有限的，他需要找到最好的人和最好的企业才行。

“工匠精神”是指工匠对自己的产品精雕细琢、精益求精的精神追求。他们对细节有很高的要求，追求完美和极致，努力把品质从99%提高到99.99%。

英国航海钟发明者约翰·哈里森被认为是最具“工匠精神”的代表人物，他费时40余年，先后造出了五台航海钟，其中以1759年完工的“哈氏4号”最为突出，航行64天只慢了5秒，远少于法案规定的最小误差2分钟，完美地解决了航海经度定位问题。

这么说来，“工匠精神”出现好几个世纪了，它有哪些具体特点呢?

“工匠精神”最少有四个特点：一是精益求精。注重细节，追求完美和极致，不惜花费时间精力，反复改进产品。二是严谨，一丝不苟。不投机取巧，必须确保每个部件的质量，对产品实行严格的检测标准，达不到要求，绝不轻易交货。三是耐心，专注，坚持。不断提高产品质量，因为真正的工匠在专业上绝对不会停止追求进步，无论是使用的材料、设计，还是生产流程，都在不断完善。四是专业，敬业。“工匠精神”的目标是打造本行业最优。

我在报纸上看到一篇关于瑞士钟表的文章。在瑞士，钟表学校相当于中专技校，其录取比例为83:1，比普通大学的竞争激烈得多，许多技师一生只做一件事——制表。

谈到“工匠精神”，除了瑞士之外，还不得不说德国和日本。德式“工匠精神”的第一个特点是“慢”。科隆大教堂的修建耗时超过600年，这种“慢工细活”打造了完美的哥特式教堂。第二个特点是“专”。德国不少家族企业是世界某一工业领域的“隐形冠军”，共同特点是“爱钻牛角尖”。第三个特点是“创新”。一款新型汽车可以承载诸多信息和通信技术，即使一些小企业，也有自己的研发部门。同样，日本是一个有着匠人文化传统的国家。其“工匠精神”所体现出来的脚踏实地、精益求精的品质，值得我们学习和借鉴。中国对“工匠精神”的需求，显得更为迫切。“中国制造”给人印象有点“不太好”，其中一个原因就是我们做事缺乏严谨的“工匠精神”。

“工匠精神”的精髓，就是要用心活、用心干、用心经营、用心诠释人生。《论语》有云：“知之者不如好之者，好之者不如乐之者。”这句话正好概括了“工匠精神”的实质。“工匠精神”的另一个要素就是坚持不懈。孔子曰：“学如不及。”他的一生从不骄傲自满，而是不断地学习、积累并总结经验。

### 用心就有成就

听朋友讲一个故事。他遇见一个中国导游，导游和他说：从前最头疼的，就是带大团游客到处乱走，必须不停地数人、找人，不然很容易走散。但现在他弄了一个随身Wi-Fi，免费提供给团员链接。从此，游客们都紧紧跟着他，亦步亦趋，生怕离远了没信号，再不必操心队伍走散了。

听完这个故事，我第一反应是：这个世界不是有钱人的世界，也不是没钱人的世界，它是有心人的世界，我们已走进管理“心”时代。

世界上最大的宝藏不在别处，就在人身上，在人的心灵深处。

其实，无论做什么工作，只要你有了一颗专注的心，一定会有成就。

博而不专，必难以为继。

伟大的工作并不是用力量，而是用耐心去完成。

主动虚心听取别人的意见，是一种有主见的表现。

只有在你工作堆积如山时，你才可能享受闲暇。当你无事可做时，空闲就变得一点也不有趣。

一个人的优秀不在于他能做多少事，更在于他做着很多事时，能否始终记住那件最重要的事。

你的努力，别人不一定放在眼里；你不努力，别人一定会放在心里。

越是不思考的人，越不愿意倾听别人说话。

打铁的要自己把钳，种田的要自己下田。

人之所以言之凿凿，是因为知道得太少。

## 我们为什么勤劳而不敬业

德国市场调研机构对 8 个国家的 8 000 名员工进行了题为“哪个国家的员工最勤劳”的调查，中国员工被公认为全球最勤劳，排名第二，第三的是德国员工和美国员工，而“浪漫国度”法国的员工则是“全球最懒惰的员工”。中国员工每周平均工作时间达到 44.6 小时，每年平均带薪假期仅为 10 天。

美国知名民调机构盖洛普发布的 2013 年“员工敬业度和工作环境研究”报告称，中国敬业员工比例仅为 6%，远低于全球平均水平，全球垫底。而国内门户网站发起的在线调查“你认为自己算敬业吗?”，结果却显示，59% 的网友选择“算敬业”。

我们已经这么拼命地工作了，怎么还算不上敬业?

看看网友们的答案：不是我们不敬业，而是我们没有归属感；中国员工工资低，想开除就开除，想让加班就让加班，老板缺乏对员工基本的尊重，让员工没法敬业。

有一条被转发了 10 多万次的微博，说的是某实习生拒绝帮大家订盒饭。那句响当当的拒绝是：“对不起，我是来实习做导演的，这种事情我是不会做的!”网友纷纷跟帖吐槽身边新生代：不懂礼貌、太自我、目的性强、不会与人相处……不少新生代则反击：社会是平等的，是你们的观念出了问题!

当下职场有这样的一种现象：高期望 VS 相对低的能力。高不成低不就、频繁跳槽将成为常态。此外，新生代更看重工作与生活的平衡，假如工作太累，不签约就是了。

现在很多企业流行“3 年够本论”：雇用新人，第一年培训；第二年试用；第三年才够本；如果能用他 4 年，则有得赚；5 年以上超值……10 年衰减，此时他需要更新知识了。

网上热传德国生活小细节里的大智慧，一个门窗、一个站牌、一个餐厅……从细节里能看到一个国家的理念和信仰，德国人的严谨与敬业让作为中国人的我们汗颜了。要知道，德国半数劳动力持有技工证书，声望比肩大学教授，他们才是奥迪、宝马、奔驰等德国制造的保障。技工是精益制造的基础，受到社会尊重。再看看中国职业声望排名，技工的排位只算是“下三流”。

在古代，中国工匠文化制造了当时的奢侈品，远销欧亚，比如明清家具和景德镇瓷器。工匠在中国传统社会享有并不低的社会地位，匠而优则仕，功成名就还能当官。

如何让新生代员工有价值感、存在感，进而有实现感，已成为企业管理的重大课题——要知道单纯讲奉献精神已经不够，也要讲讲马斯洛的需求五层次理论。新时代或新生代需要专业精神，需要奉献精神，也需要自我实现。

老板们为什么不敬业？因为劣币逐良币；创新者为什么不敬业？因为得不到保护；员工为什么不敬业？因为好员工吃亏，不良员工占便宜。

什么是敬业精神？敬业精神是基于对一件事情或职业的热爱而产生的一种全身心投入的精神，是社会对人们工作态度的一种道德要求。敬业精神更是一种对待工作的态度，即敬业和坚守。

**案例**

海航集团掌舵人陈峰 20 年前以 1 000 万元起家打造出了这家全球 500 强企业，靠的是什么？“如果你们能像我一样，20 年如一日每天准时

8点坐在办公室里，你们也能成功。”陈峰在一次对民营企业家讲课时说。

褚时健75岁在哀牢山重新创业，戴着草帽，穿着破圆领衫，兴致勃勃地谈论橙子6年后挂果是什么情景。听者王石感叹：人生最大的震撼在哀牢山上！“掌握事物的规律，认真就做得好。”就是老褚的名言。想想褚时健，你有这么难吗？

万科郁亮谈中国梦：一个农民老老实实把田种好了，未来就是你的。大家都不种田了，就你家有粮食，你就活下来了。本分的能力都荒废了，天气好了之后也不会插秧了。

那当下我们每个人就把自己的田种好吧！

## 工作要有敬畏之心

敬畏，是人类对待事物的一种态度。“敬”是严肃、认真的意思，还指做事严肃，免犯错误；“畏”指谨慎，不懈怠。

工作的概念是劳动生产，主要是指劳动。生产可以创造价值，而劳动可以创造价值，也可以不创造价值，如无用功。工作，是在长时间内，做着重复的一系列动作（例如：车间的工人，流水线上的作业人员等），做一系列重复的事情（例如：业务员，讲的都是一些重复的知识，只不过人或对象换了一下）。工作就是在长时间内做重复的动作，通过工作来产生价值。

一个企业会设置很多不同的工作内容，不同工种的工作岗位。每一个工作岗位都有不同的工作内容和职责，都需要通过各岗位员工努力工作去实现。从员工个人角度来讲，今天参加工作，是为了明天创造更美好的生活；而岗位工作业绩的高低，又往往是评价岗位员工个人价值的标准。因此，每个员工都要怀有对工作岗位的敬畏之心，敬畏自己的工作岗位。

敬畏工作岗位，就是要履行职责。每一个工作岗位都是个人成长的起点，也是展示个人才华的阵地，更是个人成就事业的“舞台”。正因为如此，我们每一个员工都必须常怀律己之心，常修从业之德，常克懒散之念，常思不足之处，尽力做好岗位工作。

敬畏工作岗位，就是要守岗有责，敢于担当。每个岗位都有其职责，员工必须有强烈的岗位创新意识、学习意识、服务意识、责任意识、危机意识、竞争意识。对待岗位工作不能敷衍了事，推诿躲闪，要忠于职守，精益求精，把岗位工作完成好，才能敢于担当，才能干出好的业绩。

敬畏自己的工作岗位，绝不是悬浮于言语之中，而是要每个员工都拿出实际行动，认真地、实实在在地做好岗位工作。

## 诚信是一种责任

2015 年 4 月 25 日，我和一帮好友去湘西凤凰古城。在车上，朋友和我讲起他前几年去凤凰古城，一件至今令他难以忘怀的事。

几年前，朋友准备带上全家人去凤凰古城旅行。他通过电话查询找了一家客栈（当时的互联网还没有现在发达），进行提前预订并按照客栈老板给的账号付了款。当他们按照预订的时间到达凤凰后，客栈老板的电话始终打不通。几个小时过去了，客栈老板的电话还是打不通。而此时，天色越来越暗，朋友和家人们有一种被对方欺骗的感觉。而此时，凤凰古城里的客栈家家亮着“无房”的灯。万般无奈的朋友一家人，在几番寻找之后终于找到了一家客栈住了下来。安顿下来，朋友正准备出去用餐，原预订的客栈老板电话打过来了，问他们什么时候到凤凰？朋友无奈地说：我们到了几个小时，你的电话一直打不通，我们已经住下了。对方说：对不起，不知道什么原因，发现手机一直没有信号。你们现在在哪里？我开摩托车过来接你们。朋友告诉他地址，十几分钟后，这位老板就到了他们刚入住的客栈。来到客栈和朋友打过招呼后，他和这家客栈的经理交涉说道：能不能通融一下把他们的房给退了，他们预订了我的房间，客栈经理不同意。这时，原预订的客栈老板问朋友，你们希望住哪里？如果你们住这里，我把你们预订的房钱退给你。朋友说：我们希望住你那里。这位老板二话没说，掏出钱付了刚入住客栈的房钱，带上朋友全家到他的客栈入住，也没有多收朋友一分钱的房费，晚上还带着朋友全家找了当地最好、最便宜的饭店品尝地道的美食。

朋友讲完故事后，大家对这位老板的敬佩之心油然而生。问朋友还记得这家客栈吗？在什么位置？有没有老板的电话？朋友说道：已经过去很多年，电话没有，客栈的名字也忘了，大家甚感遗憾。

说来也巧，当我们一行人顶着骄阳跨过沱江大桥时，因为觉得太热了，于是拾级而上，走向一条可以遮挡太阳的老街。还没有走多远，朋友突然停下脚步说：就是前面这家客栈。走进客栈，一位年轻人低着头正在算账。朋友叫了声：老板你好！年轻人抬了头，先是一愣，然后瞬间说道：电缆老板你来啦！久别的两人，却都能在第一时间认出对方，可见当初双方留下的印象是多么的深刻，我们大家都感到很开心。有时候人与人之间的缘分就是这样，有的人见一面会让你拥有一生的记忆；而有的人即使相处很久，一转身却从此如隔天涯。此时的客栈，和朋友几年前入住的情景大不一样，重新装修过，也更加温馨和雅致。在交谈中我们得知，这位年轻人来自广东。一个外来的年轻人在凤凰古城客栈竞争激烈的情况下，能够将自己的客栈经营得上规模、上档次真的不容易。其实，从年轻人将我的朋友从另外一个客栈付钱接走的这件事上，我们可以看出他诚信、诚实的品格，诚信的人做生意是不吃亏的。

从这个故事中，我们可以知道。诚信不仅是一种品行，更是一种责任；不仅是一种道义，更是一种准则；不仅是一种声誉，更是一种资源。就个人而言，诚信是高尚的人格力量，是人与人之间相互信任的基础。一个靠谱的人，往往更容易得到信赖和尊重。

生活，是一本无字的书，在永不停歇中，阅读他人，解读自己。

所以，我们今后在做能做的事的时候，一定要把它做到最好，这才是我们做人最重要的法则。

## 诚信是需要积累的

我的一个朋友给我讲了他另一个朋友的故事，故事很有意思，也耐人寻味。

他的朋友从 28 岁开始，有了稳定的家庭和工作。这时，他开始和一些同事借钱，从几百到几千，数目越来越大。每次借款到期，他都会准时归还，从不拖欠。

对于他的这种做法，妻子一直不理解。家里虽不富裕，可维持生计没啥大问题。他和同事借来的钱，既没有投资，也没有再借人，都放在家里。那些钱一点用也没有，为什么还要付利息？每次对于妻子的抱怨，他都是微微一笑，回应道："会有用的。"

3 年后，他物色了一个很值得自己下海创业投资的项目，起动资金不大，约 15 万元。可他几乎没有创业资金，他把自己的想法写成一份很完整的商业计划书，并和过去的同事讲他的创业打算。同事们看了他的商业计划书，并根据他过去为人处事的表现，都表示愿意借钱给他进行创业。

有了这笔钱，他很快实现了自己的创业想法。此时，他的妻子才明白他以前做事的真正用意。

这个故事看似平淡，却让我深悟出：好的诚信、好的名声、好的信誉都是需要积累的，只有懂得长期经营的人，才会成为最后的赢家。

我在 2015 年 1 月 16 日《新民晚报》上看到一篇《忘不了那趟车》的文章。

文章说：2009 年 9 月，作者参加了上海一家新闻单位举办的征文大赛，他的征文获得一等奖。

那天下午 1 点 30 分在兴国宾馆举行颁奖典礼。主办方发来通知，指定作者为获奖代表在会上发言，有上级领导接见和记者采访，务必准时出席。

作者的外孙女是那年秋季考入大学的一年级新生，那天上午第一次到金桥校区办理报到注册手续。原来考虑由她父母陪同前往，但在前一天，父母临时有急事处理，这个护送任务就由作者来完成。

待作者陪外孙女办完手续，把行李送到寝室，又陪她到学校食堂吃午餐，一看手表已是 12 点，作者只好让外孙女自己就餐，而他到点心窗口买了两个菜包，一杯豆奶，就直奔校门外的金海路。此时已是 12 点 30 分，若乘公交车去兴国宾馆，肯定是迟到了。

作者在马路上招出租车，拦了七八辆都不愿成行。时间一分一秒过去，作者心急如焚。这时候，从学校大门口驶来一辆大众出租车，作者急忙拦住说："师傅帮帮忙，我要到兴国宾馆参加一个重要的会议……" 司机说："我从上午 6 时到现在还没吃过东西，我要到便利店买点食物充饥。" 作者说："若你不嫌弃的话，我这里有两个菜包，你暂时垫垫饥。" 又给他看今天的会议通知。司机见作者是个年过七旬的老人，态度和善，也动了情说："看您这位老先生，是个老实人，获得一等奖也不容易，上车吧。"

出租车驶上外环，风驰电掣，奔向延安路高架。作者和司机拉起了家常，他姓林，海门人，技校毕业后，就加入了出租车行业，已有 13 年驾龄。车经华山路下匝道，直奔兴国宾馆大门。见表 1 点 27 分，作者也来不及看计价器，就给了司机 100 元，说："林师傅，如果车费不够，你给门卫留个条，以后我会补还的。" 然后急忙拉开车门，直奔会议室。

会议刚开始，主持人在介绍今天参加会议的嘉宾和代表时，作者悄悄地坐在门口后排的空位上。接着，报社领导讲话，报告征文评审过程及优秀作品的点评……这时候，有位身穿制服的中年人站在门口张望，一见到作者就问："你是张老师？""是的。" 他把一张折叠的纸条给作者说："出租车司机给你的。"

作者打开纸条，里面夹着30元钱及一张计价单，纸条上写着：张老师，车费73元，扣除两个菜包3元，余额30元，一并送上。林。

作者望着这张纸条，不禁热泪盈眶，这不是钱的代价，而是见到了人与人之间的诚信，诚信无价。

颁奖以后，作者上台发言，还沉浸在刚才乘车的情景中，他放弃了原先准备的发言稿，即兴讲了他来参加会议乘出租车的故事。最后作者说："忘不了这趟乘车的经历，这展现了时代风貌的进步！"台下一片掌声。

看了这篇文章，我想起我曾经在某酒店的遭遇。在酒店办了一张充值卡，酒店说这张充值卡在酒店里消费均打8折。当天下午，我们在酒店的茶吧消费，结账时，茶吧负责人说，他们是外包的，不享受酒店充值卡的折扣。后找大堂经理协调，茶吧还是按8折结了账。晚上在该酒店美食城用餐，结账时美食城收银台人员说，酒店充值卡在这里不享受折扣。无奈只好又找大堂经理理论一番，美食城还是按照8折结了账。大堂经理对于我们的遭遇感到不好意思，免费送了我们一盘水果。而此时，我只能和大堂经理抱歉地说，请把我的这张卡退掉吧，你可能不累，我真的感到拥有这张充值卡很累。

当下人们越来越关注两个字：诚信。这两个字已经融入我们的精神血脉，渗入我们的社会根基。

马克思说："道德的基础是人类精神的自律。"这种自律，自然要包括诚信的养成。诚信的养成，必将给整个社会以新生。

# 第九章

## 只要你走心，处处皆匠心

器若有灵，匠必有心。在工作或生活中，当有很多事做不好时，其实不是你不会做，也不是你做不好，只是因为你没有用心。世上无难事，只怕有心人，只要对工作真正投入，只要事事用心，就会处处见匠心，就能够按照事物本来的规律把事情做好，并成就一番事业。

## 感动客户，从用心服务开始

一个企业存活于社会的目的，首先是通过为社会服务求得自身的存在和发展。人们常说：心有多大，舞台就有多大。而心，事业的雄心与人文的爱心须臾不可或缺。

千方百计，让客户对你的产品或服务产生一种美的享受是征服客户最理想的办法。

企业，只有不为眼前的利益和诱惑心动，才能赢得别人对你的尊重和爱戴。

感动客户，是所有企业的追求，但感动并不意味着惊天动地，常常就是来自身边的举手之劳。只要你“有心”，好比雨中举起手边的伞。

承诺过的事情，就一定做到。万不可轻视微不足道的小事，小事很能打动人心。任何微小的事，当你用心去把它做好，就会有创新之意。

当客户都是企业的朋友时，企业将无往而不胜。而从客户到朋友，需要的是企业每一名员工对于客户那些没说出口的需求的洞察、重视与满足。

要想为客户提供满意的服务，首先就要学会站在客户立场上思考问题。谁为客户的利益考虑得越多，谁就越有竞争力。

在这个世界上，对每个企业来说，最强大的竞争力是你始终对客户有爱。这种爱的力量，会助你越过无数险峻的山峰继续向前，并成就企业的辉煌之路。

## 服务就要做到极致

所谓服务，源自于心，于人目所不及之处愈要用心。

在所有的细节上，都要力求完美。

通往成功，唯有服务才是第一位的。

没有不知道，没有做不到，只有不用心。

时刻谨记：为客户做到最好。

保持微笑可以增加自己的正能量，保持微笑可以传递给客户正能量。

不仅要推销东西，更要推销自己。

想要做好工作，就要对自己严格要求。

如果客户的全部要求以100%计量，你要做到的不是100%，而是最少要达到101%。

谁都可以做到的事情，坚持做下去，做到谁都无法超越的极致。

服务是一种人与人之间的沟通与互动，这样的沟通与互动来源于每一个行业，每一个人在不同时间、不同地点，担任不同的角色，同样也离不开服务。

服务是不分行业，不分岗位，无时无刻都会体现的，服务要用心体会，只有这样的服务，别人才会感到舒服，才会体现出服务的价值。

随着市场环境的改变，服务已融入各行各业并起着越来越重要的作用，成为企业增加产品附加值、实现差别化战略，进而获得竞争优势的最佳途径。

所以，每个企业一定要高度关注企业的服务，一定要把企业服务上升到企业形象的高度来看待，使优质服务成为企业经营的主要指导思想以及良好形象的重要部分。IBM 曾经做过这样的广告："IBM 就是最佳服务的象征"，它把提供世界上最好的服务作为企业经营的主旨。

## 工作，请给出结果

如果你要造就一个强大的公司，那么请你先学会打造强大的员工。没有强大的职业化员工，就没有强大的企业。

作为企业管理者，我们不要沉溺于员工口头的忠实与苦劳，如果你说爱企业，就请你为企业创造结果（价值）。如果你不提供结果，无论你有多爱企业，无论你有多辛苦，企业都会因为没有结果而破产。我们要懂得一点，企业与员工之间本质上是一种商业交换关系，企业如果不淘汰那些不提供结果的员工，反过来对那些优秀员工就是一种极大的伤害。

同样，作为员工，我们不要把注意力放在企业给我多少钱上。你如果觉得不值，就请离开企业。只要企业还在，我们就要提供结果。只要你接受这份工作，不管薪酬多少，你都要用相同甚至更多的结果来交换这份薪酬。否则，就是在剥削企业。

思路决定出路，行动决定结果。我觉得中国企业如果把企业成长的基点放在员工的成长上，那么我们就获得了企业持续成长的真正动力。如何帮助员工成长？帮助员工成长最核心的要点，就是帮助他们懂得：做一个商人最基本的天职就是创造价值、提供结果。

任何一个有执行力的员工，或者任何一个有志于成为企业家的员工，请记住这一点，企业中存在的各种问题，无论是老板不懂管理，还是同事不配合，无论是产品质量有问题，还是市场不景气，都不是你不提供结果、不创造价值的理由。

这就像一个优秀的职业球员，无论踢球报酬有多少，也无论教练、队友有什么问题，这些都不是你不好好踢球的理由，你认真踢球只与一个原则有关，那就是你是职业球员，因为观众只有一个要求：请给出结果。

2014 年在上海佘山举行的汇丰杯高尔夫冠军赛中，解说员讲了一段很经典的话："不管你是一名怎样的球员，想拥有更多镜头，很多曝光率，那只能靠自己去赚取，没有谁无缘无故，给你那么多镜头，因为每一个镜头都有它的价值所在。在社会上摸爬滚打的我们，何尝不需要先让自己登高，这样他人才会看到你，自己才会看到的风景比他人更多。"这段话让我回味和思考良久。我想今天的成就和昨天的努力是分不开的。很多时候，以终为始造就了每一个人今天的成就。这个"终"就是开始的目标，这个“终”就是过程造就的结果。

看起来很简单的事情，完成起来着实不易，没有目标便等于没有一切。

如果明确目标后，就会发现许多原以为正确的做事思路有待考证。

因为有了目标，小溪经历千难万险奔向大海；因为有了目标，枯枝宁愿经历冬的凛冽盼到春的绿叶。

生活和工作中，我们可能没有大到不能完成的梦想，也没有小到不值得设立的目标。

在开始一项新的工作的时候，懂得确立和制订每一个里程的目标，绝对是极其重要的。

没有目标的人生，或目标不断飘移的人生，所得到的成果是参差不齐的。

明确的目标是实现梦想的阶梯，将你亟须达成的目标列出来、写下来，让它随时出现在你的眼前，出现在你每天看到的事情上，口中念着它，心里想着它，每天重复着它。时刻提醒自己要无时无刻记着它，把它当作前行路上的明灯，朝着这个正确的方向前进。

只有朝着确切的目标前进，才有成功的希望。让你的目标进入潜意识中，然后行动，看看什么样的结果会出现在你身上。

任何人，只要你在这个世界上坚持自己的努力、坚持自己的人生信念和奋斗目标，你就很有可能是“正在影响世界的人”，或者你将成为“世界因你而不同”的人。

## 管理要用报表说话

财务管理是一种创造价值的过程，是所有战略执行的结果。

财务是一种以终为始的工具。财务管理要量化，没有量化就不能管理。

财务是商业语言，财务是经营指标，财务是主管的绩效考核。

财务管理：成本分配——给每人出报表；预算——预算目标，分解到人，承担责任，设计指标影响人的行为。

财务管理就是要将人和财对接起来，寻找明确的人去扩充市场并管理成本的利润责任。

老板管什么？老板管理帮他赚钱的人，市场对老板才是最重要的，而不是围绕管理而管理。

管理如果不能增加利润，就不要去管理。管理要以市场为导向，以人为核心。企业的利润在哪里？利润在市场。

管理会计要这么做：把报表做给责任人，让他来承担数字责任；要让责任主管看得懂他自己的数字；要教他如何去改善数字；要把人、物加进来衡量；要把他的经营结果和薪酬挂钩；要利用数字说话。

企业需要管理会计：财务是经营的结果，经营者一定要看，而且可以让财务做到一看就懂；经营者可以利用数字来看利润是怎么赚来的，当然也可以看到哪个项目没有赚钱，哪个主管没有赚钱。

企业就是选择其自认为具有竞争优势的作业活动而组成的一个集合体，从而决定其成本结构。

能够真正随着外界环境变化而及时变化的组织才是最可能生存下来的组织。

从利润的角度来研究和构建管理体系，让成本与收入对接起来。

经营最纯粹的道理：给客户他最需要的东西，把钱收回来，算一算利润有多少。不断地算，让更多的人来算。

将老板创造利润的指标全部往下分解给市场，培养员工以老板的思维去做市场，执行人人是老板的理念。

把成本引导到创造利润的行动上去。

抓住员工的心才能帮助企业实现利润最大化。

企业经营要的是营业收入规模，不是资产规模；资产规模带来固定成本，固定成本就是经营风险；企业家思考的是整合资源，让别人投自己赚，不要过分投资，低效运营。

企业有效经营的方式：借债经营；经营过程中紧盯住现金；赚到的都是现金，将现金发还给股东；不乱投固定资产。

成功人士做事不打折，找一个你对其有热情的工作，把它做好，继续做好，坚持做好，做到比别人想象的还要好。

## 梯子不用时请横着放

梯子是寻常物件，大部分人都用过，中国很多老百姓家里以及厂矿企业里都有，没用过梯子的人也完全知道梯子是什么样子。梯子是有用的东西，你可以借助它，攀到更高的地方。梯子能够给你提供方便，同样也会给你带来麻烦。比如，梯子长期竖立在那里，染上灰尘，有灰尘的梯子会让爬梯的人滑倒或摔下来；另外，竖立的梯子极易被风吹倒，吹倒的梯子极易伤人和损坏东西；竖立的梯子也会绊到人，还占据一定的空间。梯子终是无情物，跟它说这些道理没有用。它自己不会长脚跑掉，找个角落把自己横放起来。所以，不用的梯子请把它横着放。

梯子不用时横着放是一个具体的做法，是一个细节，但就是这样的一个细节，我们往往会忽视掉，而生活和工作中像这类的事还真不少。

我们经常在洗手间会看到“请保持卫生”这样的提醒标识，对于不同的人来说，对卫生程度的理解是不一样的，而且人们养成的习惯也不同，有时候你必须再贴上“往前一小步、文明一大步”加以提醒。

最近在一个自助餐餐厅用餐，餐厅没有清洁服务员，餐厅的墙上明确提醒用餐人，请保持你用完餐的餐桌整洁，以便下一位客人用餐。而很多人用完餐后，餐桌一片狼藉。我在想，如果在餐桌上有个醒目的标志就好了。当然，更希望用餐人文明些，如果你在家里用餐会这样吗？你在公司餐厅里用餐会这样吗？

之前看到一篇《英国泥瓦匠的慢工细活》的文章，文章说道，初到英国，走在英国城市的街道上，走几米就有一栋年纪过百的“老宅”；隔三差五就冒出一座500年历史的“古董”。而时间过去这么久，它们依然容光焕发。

这都归因于当地人对建筑工程质量的“偏执”追求。

第一，建筑公司招人时，对应聘者的学历和成绩有着很高的要求。除了需要教授的推荐信，好一点的建筑公司还只要成绩前30%的学生，并且得有拿得出手的设计作业或相关实习经历。

他们的挑剔不无道理，因为这与行业的薪水挂钩。施工技术人员一旦被录用，本科毕业生的平均年薪可达2万英镑；如果是土木工程师，本科生年薪最高可达5万英镑。

第二，这也是英国人出了名的“慢”使然。建筑工每周的标准工作时间是37小时，每天工作时间不足8小时，且周六、周日停工。于是，你会经常看到工地上的建筑工脱下工作服，提着工具包去附近的必胜客吃午餐，偶尔也能见到喝下午茶的。在英国看来，建筑工攀上爬下，挥汗如雨，当然需要多一点时间，不然怎么保证工程质量呢？有的人自家的车库翻修也能耗费一年多时间。而且，英国人对工程质量用料还有某种“强迫症”的质量要求。工程项目部会事先定好使用某种符合要求的建筑材料，万一厂家无法按时交货，而其他厂家无法提供同等优质的材料，那就只有一个办法：等，无限期的等。

其实，在我们的日常工作和生活中，像“摆梯子”这样的事情比比皆是，大家更多的是将梯子“立在”墙脚，而不是将梯子“横放”墙角。

## 保持办公桌整洁也是一种匠心

工作上取得优异成果的人都有一个共同点，那就是“不管工作多忙，都保持桌面整洁”。虽然听起来很简单，但实际上这一点非常重要。

要想呈现出最佳表现，一个整洁的环境是必不可少的，办公桌的状态可以说代表了这个人头脑里的状态。

需要用到的资料、等待处理的数据，还有参考资料和书籍，如果不能够及时地找出来，必然会造成时间上的浪费。不管是从工作质量上，还是从效率的角度上来说，一个整洁的办公桌，更容易使人集中精神，取得更大的成果。

虽然现在已经进入无纸化办公的时代，但仍然有许多工作需要大量的纸质资料，你要有毫不犹豫地扔掉过去成果的决心。不只是纸质材料，保存在电脑中的数据也是一样。

有时候，我们会有“好不容易完成的工作，这份材料留下吧”，或者“这份材料或许今后还能派上用场”之类的想法。根据我的经验，这些材料今后再利用的可能性几乎为零。现在收集的信息、数据，经过一两年之后就变得毫无价值。况且这种经验主义的想法本身就是错误的，会影响我们“从零开始”进行思考。

办公桌状态，代表了你头脑中的状态。善于安排工作的人，办公桌都非常整洁。

## 习惯于缺点是最大的缺点

没做好就是没做好，没有任何借口。随便找借口，成功没入口。

不是没办法，而是没有用心想办法，一定有办法，迟早而已。

没有想法，就没有结果；结果不好，就是不好。

选择重于努力，成败在于选择。过去的选择决定今天的生活，今天的选择决定以后的日子。

习惯缺点是最大的缺点。

人人都喜欢的事不一定是对的，对的事不一定人人都喜欢。

不要指望别人帮助你，要指望别人需要你。

利益是执行的源动力，企业文化是执行的持续动力。

敢于负责任，才能担重任。

企业绝大多数的人应该是精益求精的执行者。

员工往往出差错，是因为你的管理容易让他出差错。

一错再错不是能力问题，而是态度问题。

凡成就大业者，喜欢把小事做细做透。

你看到别人没有用，要让别人看到你有用。

沟通重在换位思考。

改变是痛苦的，不改变更痛苦。

## 用匠心在暗处积蓄能量

看了一篇关于非洲草原上的尖毛草的文章。文章说自然界中，有许多令人难以置信的奇迹发生，非洲草原上的尖毛草就是自然界的奇迹之一。

非洲的热带草原上，生长着一种尖毛草，在最初生长的半年时间里，它是草原上最矮的植物，炎热的太阳炙烤着大地，干旱使得它们只敢长出一寸。在那段时间里，草原上任何一种植物都比它高，都比它长得茂盛，让人们几乎忽略了它的存在。但半年过后，在雨水到来之际，尖毛草就像被施了魔法一样，以每天 0.5 米的速度向上疯长，三五天的时间它就长到 2 米的高度，成为非洲草原上最高的“草地之王”。

人们对尖毛草的生长现象感到非常难以理解，就开始探寻它生长的秘密。后来人们终于发现了尖毛草的生长规律，在最初的半年时间里，其实尖毛草也在长，只是不往上长，而往下长，长在根部，尖毛草的根部有时能长到 28 米长。在外界自然条件不具备时，尖毛草就默默无闻地在根部积聚营养和能量，一旦条件成熟了，就开始疯长，直至生长的速度让人瞠目结舌。

尖毛草的生长奇迹，从表象上看似乎一团迷雾，但当了解了它的生长过程时，就会豁然开朗。尖毛草之所以能够成为“草地之王”，是因为它已经付出了远远超过其他植物的“艰辛”和“寂寞”。一年 12 个月里，它用 6 个月的时间生长自己的根茎，默默地为将来的“爆发”积蓄能量和养分。很多时候，我们只是看到了尖毛草短时间内的快速生长，却忽视了在地底下尖毛草为了28米长的根，默默忍受了半年的时间，我们只惊讶于尖毛草生长的结果，却忽略了它那看不见的生长过程。在它成为“草地之王”以前，已经付出了超乎其他植物多少倍的艰苦劳动和代价，凭着自己的努力，积蓄了充足的能量，在大地上扎下了深深的根。

人生也是这样。一个人踏踏实实地下苦功，心无杂念地去蓄积能量，默默无闻地去夯实基础，当你的基础所蕴含的能量已大大超过其他人时，奇迹就会降临在你的身上，你就会一跃而成为人类的“尖毛草”。世上本没有魔法，刨开泥土，看那些超群植物的根，你就会发现奇迹的所在！像尖毛草一样在明处亮相，却在暗处蓄光，这样的人生才更精彩。

# 第十章

# 他山之匠，可以攻心

时下提到匠人精神，许多人言必称德国、日本。国人在日本排起长队购买马桶盖，将德国制造的炊具成箱地搬回家。这正如过去的2 000多年，世界痴迷于追逐中国制造的产品一样，人们对于匠品价值的认可从未改变。不可否认，别人好的东西，我们就是要学习。学习德国、日本、美国，学习其卓越的工匠技术和匠心理念，用拿来主义的精神，为我所用。

## 管理的目标，就是造就源源不断的匠人

美国传奇经理艾科卡在总结他的管理经验时认为：在工作中，只有老板才能营造一种宽松的氛围。人们总说："管理肯定有它神秘的地方。"但事实上，它并不神秘。管理的道理其实很简单：找一个可靠的职业经理人；制订好公司的规章制度；与员工进行良好的沟通，激励他们，并在他们表现出色的时候奖励他们——这就是管理。此外，他总结出八条简单的道理：

（1）招聘最出色的员工，建立一支优秀的管理团队；

（2）确定并坚持重点发展方向，把自己和重点发展方向简明扼要地归纳于一张纸上；

（3）说话要简洁、易懂，书面文件也是如此，避免官僚主义；

（4）永远不要忘记公司最赚钱的是一线员工，避免管理层与一线员工在政策上、管理上、考核上出现对抗；

（5）规划战场，即设定合理的工作范围、管理制度和管理层级；

（6）保留异己，警惕只听到一种声音，全体一致并不意味着真正的

和谐，和而不同才是和谐的最高境界；

（7）在变革中抓住现在，努力实现企业效益最大化；

（8）坚持基本原则，坚持企业特有的文化和精神。

## 能够改变生活的十句金玉良言

美国人齐格·齐格勒是一名二战老兵，他在当上几家公司的头号销售员之后自立门户，成为励志演说家和培训师。凭借自己的魄力，以及以往的经验，齐格·齐格勒撰写了20多本著作，积累了数以百万计的追随者，他总结的成功经验激励了许多人。

以下是齐格·齐格勒的十句金玉良言，这些话的影响力能够彻底改变一个人的人生方向。

1. 要记住，失败是对事不对人的；

2. 如果你帮助足够多的人得到他们想要的，你就会得到你生命中全部想要的；

3. 人们常说，积极性不能持久，洗澡也是如此——因此我们建议日日为之；

4. 从来没有哪座雕像是为纪念批评者而立；

5. 人们买东西不是出于理性，而是出于感性；

6. 抱最好的希望，做最坏的打算，将结果为已所有；

7. 如果你抱着找朋友的心态，你会发现朋友很少。如果你抱着做朋友的心态，你会发现朋友无处不在；

8. 适当的目标是成功的一半；

9. 决定高度的是态度，而非才华；

10. 有梦想就能实现。

## 管理至道，就是替别人着想

我看到一篇给巴菲特配眼镜的文章，耐人寻味。

股神巴菲特收到从纽约寄来的一封信，上面写道："我叫欧文·沃尔，是一个眼镜商，冒昧地向您提出一个请求，希望能为您配副新眼镜。这是因为，从杂志上看到您的照片，发现您现在那副眼镜很不适合您的脸形，我十分乐意为您配副适合您脸型的眼镜。"看完信后，巴菲特认为，这个眼镜商无非是想借他的名人效应为自己做广告罢了，便顺手将信件扔进纸篓。

几天后，巴菲特去纽约参加一个会议，一个60多岁的老头走到他面前，自我介绍说："巴菲特先生，您是否还记得前不久有个眼镜商给您寄了一封信，那个人就是我，欧文·沃尔。"巴菲特终于回忆起了那封信，说："感谢您的好意，但我认为，我不需要更换眼镜。"

沃尔坚持道："您的眼镜确实过时了，与您现在的脸型很不匹配。再说，这副眼镜是很久以前配的，说不定您现在的视力已经改变了呢?"巴菲特摆摆手："我确实很忙，没时间去您的眼镜店。"沃尔说："如果您不方便驾临本店，我可以现场为您测量脸部的平衡、戴眼镜的舒适感以及检查现在所使用的眼镜度数，仅仅耽误您10分钟左右的时间。"

巴菲特被逼到了死角，只好硬着头皮答应了。沃尔很高兴，当下拿出随身携带的仪器，在休息大厅为巴菲特测量起来。其间，巴菲特有意问沃尔：“您为什么非要为我配副新眼镜呢?”沃尔笑着说：“我之所以坚持为您配新眼镜，是因为您经常出国，如果总是戴着一副式样过时的眼镜，外国人会误以为我们国家没有优秀的眼镜商。为避免这种尴尬，我才决意为您配副新眼镜的。”

在会议结束的前一天，沃尔将配好的新眼镜送给了巴菲特。试戴后，巴菲特感觉很舒服，便让助手付给沃尔 1 200 美元。沃尔却说：“用不了这么多，500 美元就够了。”

巴菲特感叹道：“我非常钦佩沃尔这种坚定的信念，并且感谢他教给我的秘诀：将自己所做的事与国家声誉结合起来，开拓视野，摒除铜臭，处处为他人着想，才是做好生意的不二法则。”

### 要敢于正视和改进自己

2011 年，梅格·惠特曼出任惠普 CEO。她带领公司与对手戴尔在服务器市场展开较量。可此后，在争夺微软一个 3.5 亿元的订单时，他们还是输给了戴尔。惠特曼无法接受这个事实，她严厉地批评了团队，然后拨通了微软项目负责人的电话：“麻烦您告诉我，我们到底哪里做得不够好?”对方被这个电话搞蒙了，过了一会儿说：“请允许我们整理成文字回复您。”

不久，微软发来回复，列举惠普服务器的 9 个不足，末尾还说：即使你们的报价很有竞争力，存在这些问题也不可能胜出。惠特曼仔细阅读后，告诉助理：“把它发给所有员工，让大家都知道哪里没做好!”助理提醒道：“上面写的都是我们的问题，万一有员工转发出去，全天下人不就都知道了?”惠特曼没好气地说:“天下人不都已经知道我们失败了?”

果然,惠普服务器的9个不足很快流传开来,公司上下都为此羞愧不已。大家要求惠特曼为此负责,她却说:“失败不可怕,可怕的是不敢正视和改进自己。现在我们已被逼上了绝路,再找借口遮掩有什么意义。”于是大家立马重新组建起攻坚团队,夜以继日地整改。9个月后,惠普又一次参与了微软5.3亿元服务器订单的争夺,这一次惠普笑到了最后。

## 别急, 先找出产生问题的原因

有一次,《财富》杂志采访施乐公司前董事长兼首席执行官安妮·莫西卡,问她在商业上得到过的最佳建议是什么。

她回答说,那是在达拉斯的一次早餐会上,当时,邀请了好几位商界领袖出席,其中一位是直言不讳的人,白手起家,熟知民间疾苦。他走到莫西卡面前说:“当一切都变得很复杂而你又不知所措时,你就这样想吧,你得做三件事:第一,把奶牛从沟里拉出来;第二,找出奶牛掉进沟里的原因;第三,尽一切努力不让奶牛再次掉进沟里。”

这真是一个极佳的管理技巧,慢慢地分析,你就会发现它涵盖所有的情况。

在欧洲,德国汽车普遍比法国汽车受欢迎。著名管理大师马歇尔·多普顿深入工厂一线调查，终于有了发现：在拧螺丝时，德国人会比标准要求的多拧一圈，而法国人由于天性浪漫，往往少拧一圈。积少成多，产品质量的最终差异也就出来了。

马歇尔·多普顿通过观察和研究发现，取得突出成就的人与取得一般成就的人几乎做了同样多的工作，他们所付出努力的差别很小，优秀的人就是“多拧了一圈”，但是最后，他们取得的成就和大多数人比起来却有天壤之别，这被马歇尔·多普顿总结为“多一圈定律”。

德国为什么能成为欧洲经济发展的引擎？德国咨询公司柏林合作伙伴国际事务负责人的回答是：“因为德国的股市不发达。”德国98%都是中小企业，全德国仅有800家上市公司。他们很难把公司做好之后立刻拿去上市，圈钱退出，因而不得不做更为长远的发展规划。这些中小型企业中，有很多都是家庭企业。他们不会纯粹追求利润，也不擅长资本运作，更是从来没想过上市，只会老老实实地把产品做到最好，把管理做到最好，这反而让德国的实体经济变得特别强大。

德意志银行亚太区投行原执行主席蔡洪平说：当整个民族都买便宜货和打折货时，“民族工业”死亡就快了。因为越便宜越好这种消费文化阻碍了真正好产品的出现。

第一次来德国尼霍夫公司是1992年12月，当时是巴赫曼先生接待的我们。2016年4月11日，又来尼霍夫公司，接待我们的仍然是巴赫曼先生。第一次接待我们时他还没有到过中国，如今他是中国区总裁。他在尼霍夫工作已经有41年了。他认为一个客户对企业的信任来自于这个企业的技术、质量、服务和人员的相对稳定。我还有幸参观了尼霍夫公司的职业技术学校。学生都是从高中毕业生中录取的，每周在工厂学习 3 天，去专业学校理论学习 2 天，学制 3 年半，通过考试才能毕业。在尼霍夫公司职业技术学校里学生们从最基础的钳工、电工、车床、刨床、洗床、机械原理、液压传动，自动化等学起，学生的学习费用由政府出资，这些学生毕业后可双向选择就业。

德国企业的做法值得我们深思。

### “工资谁给的?”

2015 年 9 月 1 日，我在阿斯塔导线和一位管理者交流，他讲了一个故事。2008 年公司搬迁，一年 365 天他自觉自愿地上了 360 天的班。他的勤奋工作和进取精神感动了外方总经理，公司破例给他加了两级工资，并且上调的幅度还很大。其实，他本来的想法是通过搬迁这个千载难逢的机会多学习，而涨工资的事根本没想过。

## 自责，叫不出员工的名字

一百多年前，一个叫艾德斯坦的采矿工程师在芬兰的诺基亚市创立了一家橡胶厂，生产自行车轮胎和轿车轮胎，因制作精良，产品可靠，他们的产品供不应求。

两年后，艾德斯坦决定建立一个分厂，扩大生产规模，并选拔一些表现优秀的老员工到分厂负责监督管理，这个举措既是为保证产品的质量，也是对老员工的一种鼓励。

艾德斯坦虽然是厂长，但在建厂之初，他每日亲自参与生产，熟悉生产线上的每一道流程，对厂里的员工了如指掌。这天，艾德斯坦亲自去向选拔出来的老员工表示祝贺。“安迪，干得不错啊！”“尤西，你还是这么优秀，加油干！”

艾德斯坦热情地与每一个老员工握手、打招呼。可是，当他走到第二排时，愣住了：有些人见过面但是叫不上名字，而有些人他完全没有印象。

艾德斯坦略带尴尬地询问身边的副手：“这几位是新来的员工吗？”

“他们都在这里工作几年了，是很优秀的基层员工。”副手一一向艾德斯坦介绍。

艾德斯坦认真地记下他们的名字，之后，陷入深思。

第二天，艾德斯坦召开全体员工大会，当众宣布：“分厂暂停建设。”所有人都吃惊不已，为什么要突然停止呢？

“我竟然叫不出在这里工作了四五年的员工的名字。”面对几位中层管理的追问，艾德斯坦面色凝重地说，“作为一个工厂的负责人，这是不称职的表现。这也说明我的工厂太大，摊子铺得过大，我很难把它照顾周全。我目前的任务是管理好本厂，做到更精更深，而不是盲目扩大”。

艾德斯坦的这家公司就是驰名世界的诺记轮胎。

如今，诺记轮胎总裁阿里依然遵循“不求做大，只求做精”的理念。他认为，企业发展不一味做大，可以少些“面子”上的负担，踏踏实实专注研发。

创建于578年，至今仍在营业的日本寺庙建筑企业金刚组，在自己家族手中维持了14个世纪，但在2006年年初被收购。因此，美国《家族企业杂志》把全球最古老家族企业的头衔给了日本的粟津温泉饭店，该饭店至今已有1 289年历史。

为什么有的企业基业长青，而有的企业稍纵即逝？甚至辉煌耀眼的明星企业有的也仅风光三五年，就惨然倒下，销声匿迹。最典型的是美国安然公司。最辉煌的时候进入世界500强的前六名，是美国华尔街特别受追捧的明星企业，可它选择了做假账，最后在世人的声讨中倒下了。

韩国银行2008年5月14日发表的《日本企业长寿的秘密及启示》报告书称，日本拥有3 146家历史超过200年的企业，为全球最多，更有7家企业历史超过了1 000年，排在世界最古老企业前三位的都是日本企业。

在这些长寿企业中，89.4%的企业都是员工不超过300人的中小型企业，大多数以家庭为单位经营。经营范围大部分是制作食品、料理、酒类、药品，以及与传统文化相关的行业。

报告书认为，这些日本企业能长寿的原因主要有以下五个方面：①重视本业；②诚信经营；③透彻的匠人精神；④超越血缘关系选择继承人；⑤保守的企业经营作风。

重视本业，是专，强调通过专业化经营、专业化发展来维持市场销售的稳定，这是把鸡蛋放在一个篮子里紧紧盯住，而不是把鸡蛋放到多个篮子里避险。

诚信经营，强调的是一种以诚实负责的态度经营企业，通过社会美誉价值的积累，稳定企业的长久发展。这就是端正经营方针，在任何时候都只赚合法的、不赚昧良心的钱。

匠人精神，是执着，是通过精益求精的产品或服务质量，确立和保证自己的市场竞争力。这是在获得社会认同的基础上，实现长久经营。

超越血缘关系选择继承人，就是在企业经营掌舵人的选择上，超越血缘关系的狭隘眼界，通过强化专业化的能人在企业发展中的地位作用，由能人来开拓和创新产品和服务，提升产品和服务的质量以及社会的认同程度。

保守的企业经营作风，强调的是不冒险经营，不冒险发展，把稳定放在首位，宁愿赚稳赚的小钱，也不赚有风险的大钱。

很显然，这五个方面只有作为一个整体，才能保证企业长久经营。除去任何一两个方面，都不足以支持。

从韩国银行的《日本企业长寿的秘密及启示》报告书中很容易得到这样的结论：企业要长寿，就必须守住企业的四大价值——交易收益、风险价值、投资回报、社会美誉，并且保证企业四大价值均衡增值和积累，而不是仅盯住企业发展的目的——赚钱。一个企业如果仅仅盯住赚钱，就不免目光短浅，被一些赚钱快、赚钱多的市场引诱，放弃自己的长项，失去应该有的专项，陷于快钱、大钱的亢奋刺激陷阱。并且就所赚钱的总额分析，这些长寿 1 000 年的企业，相比寿命仅仅 10 年的企业，也要多得多。就同等规模的企业比较，长寿 1 000 年的企业所赚钱的总和，是 10 年寿命企业的 100 倍。

企业要发展，生存是前提。关门倒闭，就没有任何发展可言。生存本身就是发展。世事在变，市场在变，在这种变中维持生，保持存在，就是通过发展顺应这种变。所以，企业经营长久，即使规模没有实现扩张，也是一种发展，只不过这种发展是与时间同步的。

## “确认”习惯会让你高效

大家都知道，在银行存取款时都要按“确认”键，但你也许不知道，“确认”一词源于日本，“确认”在日本语中的意思是通过检查确实无误、明确地认定。日本人的确认习惯使其收益良多，比如做事少走弯路、节省时间与费用、提高效率、遵守规矩、形成良好的社会秩序等，可以说，确认的习惯让日本人多出成绩，少出事故，成为最认真的民族之一。

在日本，“确认”习惯无处不在。

“离座三确认”也是日本人的生活习惯。意思是说，参加集体活动，当要离开座位时，做到三个确认。首先确认有无遗忘之物品，因为丢东西会给他人添麻烦，所以这一点很重要；然后确认桌面周围是否有散落的垃圾，如有，将其放入垃圾桶或带回家处理；最后“确认”是否把凳子等使用过东西置于原位，如果自己使用过的地方乱七八糟，会令他人感觉很不舒服。日本人认为“离座三确认”代表了一个人的修养与作风。

日本有前辈职工向新来的后辈传授经验的习惯，一般都会提到：上下班时要确认办公用品置放有序，不能使用时乱找，影响工作效率。

“确认”习惯确保安全生产。日本企业几乎都有工作前集体朗读最重要的安全生产规则的规定。如果是一个人上岗，也必须默念一遍，即使记得滚瓜烂熟，生产前朗读也是不能缺少的，这已经成为安全生产的前奏。

此外，正式作业前必须经过空转试车，确认机器各部分正常，方可工作。开机确认工作台面上无一切不必要的物品。下班之前必须确认关车、关闸、关电。换言之，确认完全无死角，方能离岗。日本企事业单位一直推动“零灾难”运动。培养有“确认”习惯、遵守规则的员工，营造团队精神。实现四化：制度规范化、工作流程化、管理人性化、执行严格化。

确认习惯也是教育使然。日本的家庭与学校教育学生：“未来人生之平坦大道，来自不放弃细节的认真学习。”

## 做笨笨的事，笨笨地做事

在日本有一位叫木村秋则的老人，年轻时想给世界一个“真正”的苹果，不用农药、不用肥料，让苹果长成自然中本来的样子。第一年，颗粒无收，第二年，苹果树死了一片；第三年，遭遇虫灾；第四年他卖光了家产，冬天跑出去打短工……第十年，几百棵苹果树开了七朵花，结了两个果子。现在第三十年，东京最好的法国餐厅，预约木村的苹果不得不排到半年后。

木村的苹果有什么神奇？切成两半，随便放在一只餐盒里，两年时间不会腐烂！只会慢慢枯萎，越缩越小，带有淡淡红色的果干，散发出甜蜜的香味。有人说这是“匠人精神”，我们懂的，就是极致、专注、创新、坚持……不过作为农民的木村说不出这番道理，他只是“像傻瓜一样种苹果”罢了。

河北金沙河董事长魏海金先生20年最得意的，就是他的金沙河挂面里，除了面、水和盐，没有任何添加剂。他创办金沙河时，就坚持一个很简单和朴素的逻辑：最好的挂面，来自最好的面粉；而最好的面粉，来自最好的小麦。人世间很多事，不是不能做，就看你想不想做，收小麦也是如此。魏海金很快找到了一个行业内独一无二却很简单易行的标准：看小麦发芽率。如果小麦难以发芽，那小麦肯定不新鲜，品质不行。而没有最好的小麦，就做不出喷着麦香的挂面。因此，成就了金沙河占据全国10%的市场，真正成为中国的“挂面大王”。

其实，任何品质追求，都意味着付出和成本。

我们已经知道太多美好的东西，匠人精神，从0到1，精益创业等，都能十分准确地用更浅显的词语，把它们讲给别人听。问题是，为什么却很少有人能够做到?

有人说，日本社会“崇优”，通过挑战更好地磨砺内心，咱们花十年种苹果只会被笑话。金沙河采购主管苦口婆心地规劝魏海金：发芽率从必须90%以上，下调到80%，企业的成本就减轻了很多，这并不意味着挂面品质有硬伤，潜台词是：老百姓根本吃不出来!

其实，很多时候，当不必坚持时，选择坚持！我更希望未来的社会涌现一大批做笨笨的事，笨笨地做事的人。

前段时间，看到一篇有关子女教育的短文，有两段话很有味道：“孩子，如果世界上仅剩两碗水，一碗用来喝，一碗要用来洗干净你的脸。”“就算是吃酱油拌饭，也要铺上干净的餐巾，优雅地坐着，把简陋的生活过得很讲究。”这种“贵族”气质我不具备，也没有对子女提出这么高的要求；但就一个人的素养而言，这种“派”却对我有偌大魅力。印度圣雄甘地说过，“即使穷得只剩下一件衬衫，也需要把它洗得干干净净”。这的确是我非常认同的。

说到职场和工作，又何尝不是如此。

人在职场，事总要做得像个样子，既然是工作就必须认真对待。这不只是一个人对待薪水的正确态度，更是一个人素养的突出表现。

然而，做事不用心的人不在少数，做事不求精确的现象相当普遍。中国职场上的从业者素养的提升空间是巨大的，这应该是不争的事实。

一个人能做什么或最终的职业是什么并不重要，重要的是你在做的事情能不能努力做到位。

素养对于工作是重要的，素养对于人则更重要。

## 卓越需要无比的勤奋

雷克萨斯汽车筛选合格真皮缝纫技师的方法非常特别，迄今为止，只有 12 人有资格从事手工缝线这一特殊工作（而这 12 人是从 7 000 人中筛选而出）。他们要求将一张纸拆成一只构造完美的折纸猫，折纸时只能用一只手（非惯用手），而且要在 90 秒之内完成。

1902 年，27 岁的诗人里尔克应聘去给 62 岁的画家、雕塑大师罗丹当助理，在初出茅庐的诗人猜想中，名满天下的罗丹一定过着十分浪漫、疯狂、与众不同的生活。然而，他看到的真实景象与想象中大相径庭，罗丹竟是一个整天孤独地埋头于画室的老人。里尔克问他：“如何能够寻找到一个要素，足以表达自己的一切?”罗丹沉默片刻，然后极其严肃地说："应当工作，只要工作，还要有耐心。"

是什么让这些人变得与众不同？我觉得罗丹说出了真正的秘密，那就是：工作和足够的耐心。

与众不同的东西，往往在制造的过程中是枯燥的、重复的和需要耐心的。

每一件与众不同的好东西，其实都是以无比寂寞的勤奋为前提的，要么是血，要么是汗，要么是青春好时光。

卓越是什么？就是无比的勤奋和永远感到不满足。

## 换个角度看优势和劣势

经常听到一些人这样叹息：我不行，与别人比起来没有优势。下面这个故事或许会对我们有所启发。

众所周知，2022 年世界杯的主办权已经尘埃落定，它就是中东国家卡塔尔。卡塔尔脱颖而出，战胜了呼声很高的美国。卡塔尔的胜出，被媒体普遍认为是"世界杯申办历史上最大的冷门"。面对这样一个结果，人们不禁要问：在强手如林的竞选国家中，卡塔尔凭什么胜出呢？

事实上，卡塔尔几乎占尽了劣势：首先，它是一个常年受干旱、高温困扰的国家，大部分国土是荒凉的沙漠；其次，它的地域十分狭小，骑着自行车一天就能绕着跑几个来回；最后，它的人口也很少，仅需五六个大型体育馆，就能装满它所有的国民……

外界一致认为，与竞争对手美国、日本、韩国等国家相比，卡塔尔根本就没有任何优势可言。但是，卡塔尔人却不这么认为。他们向国际足联表示：天气炎热会催生他们改变的决心，他们将不惜花费巨额资金，给所有的球场安装太阳能冷却系统，让球场变得恒温；国土狭小，参赛的球队就不用舟车劳顿转场了，可以保证比赛的高质量；人口不多，就能把更多的球票留给国外球迷……

对此观点，国际足联官员们大为赞赏。他们意识到，如果把机会给卡塔尔，将会真正赋予世界杯一个崭新而独特的内涵。就这样，卡塔尔最终赢得了 2022 年世界杯的主办权。

其实，在很多时候，劣势未必就是不足。如果用积极的心态，换个思维方式和角度去审视，劣势也许变成别人所不具备的独特优势。

“你必须改变世界，你可以改变世界”，这是苹果公司总裁的一句名言，他不断地创新观念，才有了今天的骄人成绩，让苹果公司举世闻名。他没有可以称道的优势，也正是因为这样，他可以立于优势之上，创造出一条新的成功之路。

没有人是永远的强者，也没有人能永远保有一项优势。大千世界，一切皆有可能。所谓“没有比脚更长的路，没有比人更高的山”，便是这样，我们可以没有发达的交通工具，一样走完漫漫人生路；我们可以没有优势的器械，一样勇攀人生的高峰。

优势帮助我们获得成功，但固守优势不知改变，不知进取，我们可能会成为那只沾沾自喜最后却输给乌龟的兔子！

不要被优势的美丽蒙蔽双眼，不要被优势的利益诱惑，更不要让自己失败在优势上，别被优势撞了腰。

有位哲人曾说过："许多时候，我们没有跌倒在自己的劣势上，往往是跌倒在自己的优势上。"有了优势不一定会获得成功，没有优势也不一定就会失败。

生活中，过分依赖自己的优势反而会把自己置于不利境地。

## 为什么大多数人抓不住机会

泰国有一个雕塑很奇怪，从正面看，它是一个婀娜多姿的女人，但看不到它的脸；从背后看，什么都没有。

泰国人说，这是"机会女神"。意味着，当机会来临时，我们往往看不到她的脸，因为她时常蓬头垢面；当机会走了，我们才发现她原来就是机会，你想再去抓她时，怎么也抓不住，因为她后面什么都没有。

那么为什么大多数人没有抓住机会呢？因为他们选择了"万一"。实际上，大多数机会都是在人们选择了"万一"时失去的。

很多机会在反对声中开始，在议论声中发展，在掌声中结束。

犹豫者失去机会，观望者没有机会，等待者永无机会。

对于机会，我们宁愿深入了解后再放弃，也不要因为不了解而错过。

机会有时就像小偷，来时无声无息，离开之后却让你追悔莫及。

思路决定出路，机会决定未来。机会总是从那些没有准备的人身边悄悄溜走，一去不复返。对很多人来说，失去一次机会，就等于失去了一生转机。

机会对我们来说，当大家都对它不看好时，当你对它犹豫不决时，它真的是机会；当所有人都确定它是机会的时候，往往你已经迟了半步。

## 文明驾驶不应该离我们太远

台湾宝岛是我向往已久的地方。几经波折，2016 年 10 月 5 日，我终于从香港登上飞往台北的航班。那几天，我在好友的带领下，穿梭在台北的大街小巷，奔驰在阳明山那弯曲的山道间。我发现在这里，人、汽车、摩托车均和谐相处，交通秩序井然有序。我也没有发现人们往车外面乱丢东西、乱吐痰、乱停车、乱按喇叭、乱开灯等现象。

有人说过，如果你看一个城市的文明程度，就看那里有没有交通事故，以及开车人对人尊重的程度。这句话，我在台北得到了进一步的验证。

在许多欧洲城市，人行道总是得到开车人的绝对尊重，行人的地位永远高于汽车。

一个让人感到安全、高效、文明的汽车社会，不能仅仅依靠严格的法规保障，更需要以每一个交通参与者的文明素养为根本，真正在心中树立起对他人的尊重和对生命的敬畏。

文明，表现在人和“车”相互尊重，“车”对人的绝对尊重上。

交通规则是对驾车者的法律约束，超速行驶、闯灯越线等违反交通法规自不必说，机动车避让行人、经人行横道线时应当减速行驶、拐弯让直行等，这些既是交通法规中的明文规定，更是道德常识。

不文明的开车习惯，反映司机的素质，也体现一个城市的形象。城市是你家，文明靠大家。

### 且行且思在台湾

宝岛台湾，高山青，涧水蓝，美丽富饶，引人入胜……

在台湾很多景点不要门票，即使需要门票的景点也只有几十元台币，这几十元台币还可以用于抵冲景点内的消费款。

在台湾所有的公共洗手间里都有卫生纸。

台湾的捷运（地铁）、宾馆、景点、商场都为残疾人考虑得很周全。

营运巴士司机均严格遵守十二小时工作制，并且绝对不会违规停车。

去参加第40届台北国际电子产业科技展，主办方为每位登记的客人免费提供一张捷运卡，这张捷运卡在展会期间可不限次数和距离搭乘台北捷运。

去诚品书店购书，书店会为你免费提供精美的纸质购物提袋。

在优雅、宁静、别致的风景名胜地草山行馆用餐，餐费真的很便宜。用完餐后，饭店老板说你们可以将印有草山行馆字样的筷子洗一下带走作为留念，并为我们送上筷子套子，套子里还佩有一张草山行馆的书签。

这些细节和印象，让我陷入深深地思考中。

在台湾，随处可见整洁的环境、有序的人群、便捷的设施和热心的工作人员，各种公共场合都体现出台湾同胞的文明、修养和素质。没有喧哗、没有嘈杂、没有混乱、没有冷漠，人人温文有礼、热情洋溢，一切如沐春风、如遇暖流，时时、处处体现出人性、人本、人道、人文的关怀和理念，让人倍感温暖和沁爽。这正是一种先进文明的体现，一种文化厚重积淀的体现！

## 避免不必要的浪费

出门旅行的时候，我总会面临整理行李的问题。用大行李箱还是用小行李箱放行李，用大行李箱我可以很随意，而用小行李箱收拾行李时，我会变得小心翼翼，思索再三。行李箱空间的不富余，让我必须权衡再三。其实任何资源的稀缺，都会让我们的需求得不到充分的满足，那些没有被满足的需求会吸引我们的注意力，会让我们做事时很认真。

收拾行李箱时，如果箱子够大，我总感觉有用不完的空间，这部分空间我称之为“富余”。这时候，我如果还想放东西，会直接打开行李箱放进去。“富余”让我回避了认真、仔细、权衡和对物品的管理。“富余”也会让我产生“拥有”多于“需要”的感觉。由于有了“富余”，我有时候打开箱子找东西时也会存在乱翻、乱找的现象。

由此看来，“富余”会俘获我们的注意力，影响我们的行为方式和认真做事的作风，最终形成“空间”和“时间”上的浪费。

在生活和工作中，我们还有很多可能由“富余”而形成的浪费。比如去超市买了几个月用不完得东西，由于买得多，用起来就会没有节约概念；又比如在生产管理中形成大量的库存，从而导致在管理中没有精细化的要求和成本控制的概念等。

而那些做得好的企业，无一例外地重视成本控制。

**肯德基：50%的市场利润来源于成本控制**

肯德基是靠“成本控制”获得成功的典范，其利润近50%来自成本控制。肯德基餐厅60%~70%是兼职员工，只有餐厅经理、副理和助理才能拿到月薪，其他人都是拿时薪。排班经理往往会在经营旺季时段多安排兼职员工，最大限度地节约人力成本。肯德基餐厅人力成本只占餐厅营业额15%左右，而一般餐厅的人力成本占到餐厅营业额25%~30%。

**丰田：成本降低30%是远远不够的**

“把成本降低30%是远远不够的，我们要在现有的基础上再降低50%，我们才能生存。”这就是丰田社长渡边捷昭顺利度过日本经济下行期的名言。

“与其雇用大量的员工、在不需要他们的时候将其解雇，不如一开始就雇用少量的员工。”这是丰田用人的法则。丰田从不雇用多余人员，公司会要求工作人员掌握多种技能。丰田将这种“少人化”作为成本控制的基础。如果仍然存在剩余劳动力，就发挥他们的创造力，产生新的价值。

### 沃尔玛：企业文化的核心是控制成本

沃尔玛有独特的组织制度文化，不过这些制度和文化本质上都是为控制成本服务的。沃尔玛业务流程全部围绕低成本设计：人员构成、低成本采购、批量采购、集中订货等。沃尔玛创始人山姆·沃尔顿有一句名言："沃尔玛的生存之道只有一个词——成本"。

在经济形势不景气和中国企业进入微利时代的当下，企业要想实现真正的可持续发展，必须围绕成本抓管理，用所有的努力做好成本这项工作，才能确保企业健康、持续稳定地发展。

# 跋

## 时光去了，但爱更深了

英国卡斯商学院硕士　唐淼

我一直活在自己二十岁的梦里，直到2014年春节过后，突然意识到爸爸今年虚岁五十岁，五十知天命。知天命是古人形容人到了五十岁大雅的叙述方法，不是听天由命、无所作为，而是谋事在人，成事在天，努力作为但不求结果。

五十岁，知道了理想实现之艰难，所以做事情不再追求结果。庆幸我的父亲在很多方面已然有所成就，作为女儿，我感到骄傲。他是一个值得尊敬的父亲，在我眼里，并不是他的事业成功，而是比任何人都为家人着想。

小的时候，我觉得爸爸是圣诞老人的代名词。每次他出差回来，不管多晚，我都会从床上爬起来偷偷摸到爸爸的箱子，看到他给我带的礼物。或者是我喜欢的毛绒玩具，或者是糖果，或者是《十万个为什么》，金币巧克力的香味溢满我的整个童年岁月。那时候，爸爸妈妈经常一个人抬着我的脚，一个人抬着我的头，摇晃我的身体，说是这样会长高。我记得很多这样的事情，也拥有一个有趣的童年。

长大之后，爸爸工作很忙，也有很多烦恼，他是对自己要求很高的人，苛求细节，追求完美。青春期的时候，我经常不理解爸爸妈妈为什么总是看着我一脸失望，对我不成熟的行为不耐烦地打断，我一直以为他们不喜欢和我交流。长大之后的某天，我突然明白，可能那时候我也没有给他们平等交流的机会，我表现出来的非理性一定是很让人不可思议的。

父母儿女，可能是世界上最复杂的两种定位，没人知道怎么样做才算是好的，也没有人能够通过训练变得更好。然而血缘关系不能选择，反而显得更珍贵。当我在外面受了委屈，遇到困难，即使不说出口，也永远知道有一个坚实的后盾，所以才敢去做自己想做的事情。

前几天和爸爸妈妈出门，突然在车上说到他们年轻时候的事情，爸爸和小伙伴的一系列趣事让我意识到原来我的父母也有过很敢拼的时候，他们曾经年轻冲动，也像我们现在一样莽莽撞撞，这样的感觉真好。

我是一个不善言辞的人，或者说和爸爸一样，不太会感情外露。但爸爸做过的很多事情都让我感动，比如我在苏州念书时，爸爸一有空就会来看我，带我吃好吃的东西，只要我有要求，爸爸总是尽力办到。

龙应台的《目送》里面有一段话，我一直记忆犹新："我慢慢地，慢慢地了解到，所谓父女母子一场，只不过意味着，你和他的缘分就是今生今世不断地在目送他的背影渐行渐远。你站在小路的这一端，看着他逐渐消失在小路转弯的地方，而且，他用背影默默告诉你：不必追。"

我想，大部分时候，并不是我们目送父母的背影，而是承受他们追逐的目光，是充满关心，充满不舍的目送。选择去相信身边所有的人和事情，最后才明白，父母是世界上最在意你的人。

我一直不知道要送什么礼物给爸爸，于是决定写下这篇文章。因为很久不写东西，写出来的内容自己不好意思回头再看，都是一些琐碎的感想。就写到这儿，祝爸爸生日快乐，未来的每一步都平安顺利。

# 后　记

2017 年 3 月 8 日，春光明媚，我和夫人有幸参加 2017 年西安交通大学 EMBA 上海班年会。本次年会安排得非常有特色，是在“皇家加勒比海洋量子号”邮轮上进行的。邮轮行驶在大海里，我漫步在邮轮 15 层的跑道上，把自己扔进阳光里，高高地望、轻轻地走、慢慢地思。

人生有很多的事是无法提前的，唯有认真地做好眼前的事。而我眼前的事，就是在享受蓝天、白云、大海、美食、美景、友情、亲情、快乐的同时，要完成本书的后记。

《匠心管理：如何铸造工匠精神》一书，我花了近三年的时间思考、总结、整理、补充，本着“把事说清楚，把理讲明白”的要求，经过一稿、二稿、三稿、四稿……不断修改、讨论，经过放下、冷处理，再拿起来反复地斟酌，最终成为今天这个样子。说实话，它并不令人满意，还有很多修改、提炼的余地，但如果继续无休止地进行下去，这本书恐怕再也出不来了。

万事开头难。不要等到“一切准备就绪”再行动。我写这本书，就是希望及时记录下我对“工匠精神”的反思和感悟。

工匠精神，是指工匠们对细节有很高要求，追求完美和极致，对精品有着执着的苛求和坚持，把品质从99%提高到99.99%，其利虽微、其行虽不易，但却长久造福于世。

工匠精神，这么一个概念之所以在中国会这么火，原因很简单，咱们现在缺少这个东西。

其实在过去的30多年里，我们并不是做不到，而是我们面临着三个独特的现实状况。第一，中国跑得实在太快了；第二，中国的发展机会太多了；第三，中国的企业家普遍没有安全感。因为这三个原因，过去的中国，基本不可能有什么工匠精神，所以工匠精神是有背景的，在不同的时期你的需要也不同。但由此带来的是，在激烈的市场竞争，特别是国际竞争中，我国制造业每年因质量问题造成的直接经济损失超过了2 000亿元，因产品质量问题对下游产业的影响、市场份额的损失，带来的间接损失超过了1万亿元。

中国现在的规模足够大，发展速度也降下来了，是该开始追求工匠精神了。但是你会发现，这个事挺难的，因为我们始终是一个对上负责的组织结构。

“工匠精神”为什么不叫“工人精神”？因为工匠是独立人格，对自己的产品负责，同时享受精益求精的成果，所以他重视细节。而工人精神是对领导负责，他只关心领导关注的事，而领导恰恰是最不可能关注细节的人，因为要管的人和事太多，他必须更关心方向。你只对领导负责，不关心实际，必然浮躁、短视、投机，这是制度使然，无关人品。

而德国和日本这种工匠国家，我们与其说他们有工匠精神，倒不如说他们有一种工匠习惯。这个习惯，是由一整套高品质、高标准的工匠制度和对违规者严厉惩罚构成的。没有工匠制度，就没有工匠习惯，更不可能有工匠精神。

中国制造业里没有的工匠精神，在互联网行业中却非常普遍。中国的互联网产品经理对于产品的极致追求，已经到了“令人发指”的地步，每一个键、每一个位置都要经过几十版的迭代，甚至连美国互联网界都不得不承认，中国互联网产品的用户体验并不逊于他们。但是请注意，这些互联网产品都是免费的！所以精益求精这件事本身，跟价格和利润并没有正相关的关系，它是由竞争的标准决定的。开放的互联网行业里，用户用脚投票，体验不好就没人用。而在封闭的制造业里，如果评标专家们靠关系投票，那么用户体验好不好根本不重要。

工匠精神需要土壤和制度，更需要责任。责任，从大道理说，就是基本的职业精神，从小处来说，即一个人做事的基本准则。一个人的工作好坏，最关键的一点就在于有没有责任感，是否认真履行了自己的责任。

我们常常说职业性，什么是职业性呢？就是你能够持续地、有节奏地努力，在长达 10 年、20 年甚至 30 年的时间里重复干一件事。我想我要感谢这个伟大的时代，它让我安静地在电线电缆行业一干就是 32 年，当然，未来我还会继续在这个行业精耕、深耕。

我们每一个人都是职场上的商品。你这个商品的价值，一方面，来自你的才华和灵感；另一方面，在才华和灵感之上，必须有一个更大的基石，就是你能不能持续地提供价值。

我们为什么需要一个叫价值观的东西？因为当我们失去方向、心怀恐惧的时候，它会告诉你，下一步往哪里迈脚。《匠心管理：如何铸造工匠精神》或许对此是最好的解释，愿这本书能够给有梦想的企业家以启发，给企业中奔跑着的奋斗者以动力。

一个伟大的创业者和企业家，绝对不能被短期的诱惑所打倒。中国需要踏踏实实做企业的人，特别是那些梦想改变世界的人。

企业发展要严防生态失衡。产品是企业的心脏，销售现金流是企业的血液，厂房、设备、硬件是企业的骨骼，技术、质量是企业的肌肉。产品不行就是企业得了心脏病，销售不好就是企业患上了血液病，硬件薄弱就是企业得了软骨病，技术、质量不好，企业就会无力发展。这四个方面中任何一方面的失衡都会导致严重的问题。

企业管理的根本在于，能否选择适合自身发展的模式，对外真诚地为客户服务，感动客户并创造超越他预期的价值；对内真诚对待员工，激发员工的热情，为员工创造一个甘心奉献又能施展才华的平台。企业成功的关键，是让所有人有激情，而不是激动。员工不会自发产生激情，需要企业家不断地创造激情、传递激情。

知道什么事情不能做，并不等于知道了都能做什么事情；知道了什么方法不管用，也并不等于知道了什么方法管用。管理一定是来源于实践的，没有管理实践的成效，我们无法真正获得管理经验。“知行合一”不仅是一种管理理念，更应该是一种良好的行为习惯。